教你 30天成为 销售冠军

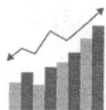

孙玉忠　主编

成都地图出版社

图书在版编目（CIP）数据

教你30天成为销售冠军 / 孙玉忠主编. —— 成都：
成都地图出版社有限公司，2023.9
ISBN 978-7-5557-2289-2

Ⅰ.①教… Ⅱ.①孙… Ⅲ.①销售—方法 Ⅳ.①F713.3

中国国家版本馆CIP数据核字(2023)第170001号

教你30天成为销售冠军
JIAO NI 30 TIAN CHENGWEI XIAOSHOU GUANJUN

主　　编：孙玉忠
责任编辑：赖红英
责任印制：缪振光
出版发行：成都地图出版社有限公司
地　　址：成都市龙泉驿区建设路2号
邮　　编：610100
电　　话：028-84884826（营销部）
印　　刷：湖北长江印务有限公司
开　　本：880mm×1230mm　1/32
印　　张：8
字　　数：160千字
版　　次：2023年9月第1版
印　　次：2023年9月第1次印刷
书　　号：ISBN 978-7-5557-2289-2
定　　价：39.80元

前言
Foreword

当你打开本书时，请先问问自己：我是一个怎样的人？或者，我希望自己成为怎样的人？

你是否已经厌倦了每月领着固定薪水，日复一日地重复工作？你是否早已对付出与收入的不对等感到不满？你是否在为整日奔波忙碌却无法取得好的结果而感到苦闷？

也许，一心想改变生活的你，刚刚准备转行做销售；也许，刚走出大学校门的你，想接受从事销售的挑战；也许，做了几年销售但苦于无法突破的你，在考虑是否继续坚持下去……不管你是上述哪种状况，请你先问问自己：我了解销售吗？我知道要从事销售，需要具备哪些基本技能吗？

相信看到上面的问题，很多人都会茫然。

很多成功的企业家，最初都是从销售开始做起的。即使现在已经有很高的成就，他们依然经常会销售，只是，以前更多的是销售商品，而现在以自我营销为主。要在销售领域取得成绩，有人看似比较幸运，短时间内就改变了自己的命运；而有人则用了较长时间。其实，那些看似幸运的人，之前也做了大量的工作，经历了若干挫折，只是，我们没见到而已。因此，要想在销售领域有所成绩，并非是一朝一夕就可以做到的。你不仅要对销售和自己的行业有清晰的认识，对自己的人生要有一定的规划，更需要学习销售的思维模式和专业技能等。鉴于此，我们编辑出版了这本《教你30天成为销售冠军》。

因为销售人员每天要做大量工作、学习很多知识，不可能有太多的时间专门上销售课。所以，我们将本书设计成一天一堂课的形式。每天的小课堂篇幅不大，但都有一个明确的主题，并且绝大多数都配有精彩的销售案例，以便销售员在短时间内读完并利于消化吸收。

本书从选择做销售前应有的认知与储备开始讲，在销售前的规划、如何寻找商机与客户、电话推销的技巧、销售中的心理学、销售中谈判的技巧以及销售的禁忌、如何成交和一些销售定律等方面都做了详细而简练的概述，并精选了销售领域有代表性的案例，旨在帮助销售员捋清思路，找到问题的关键与发力点，以便真正开启销售之门。

不管从事哪种职业，我们都要牢记"苟日新、日日新、又日新"的训诫，只有让自己每天都有所进步和改变，日积月累，我们才能成为我们希望成为的那个人。

希望《教你30天成为销售冠军》可以帮你每天都有所提高。

目录
CONTENTS

第一天　销售必备的攻心术

不同年龄段顾客的心理

不同年龄层次的人，有不同的消费观念和购买心理，年龄是影响顾客购买心理的重要内部因素之一。因此，对待不同年龄段的人，应采取不同的推销方式。

第一，青年顾客的特点及推销对策。青年顾客指的是18岁到30岁左右的消费者，这类人有着较强的购买力，消费热情高。所以，一定要潜心研究青年消费者的购买动机，这对推销产品很重要。

青年顾客是流行商品的消费带头人，他们对推动商品更新换代起先导作用，这是由他们的心理特征决定的。典型表现是内心丰富、富于幻想、勇于创新、敢于冲破旧的传统观念与世俗偏见，追随时代潮流。因此，投放市场的新产品，社会流行的某一商品，都会引起他们极大的兴趣和激发他们的购买欲望，购买动机也会随之形成。

第二，中年顾客的特点及推销对策。中年顾客一般都有了家庭，也有了固定的职业。他们要尽力地为自己的家庭拼搏，为了整个家庭的幸福投资。他们购物理智，喜欢购买已证明有使用价值的产品。

这类顾客有主见，有辨别能力，自身能力又强，所以只要推销的商品质量好，推销员态度真诚，交易的达成是毫无疑问的。

第三，老年顾客的特点及推销对策。中国社会正在步入老龄化，老人越来越成为推销员普遍关注的对象。一般来说，老年人偏于保守，要向他们推销商品相对较难，但是如果你了解了老年人的爱好和消费心理，同样可以从他们身上挖掘市场。

老年人购买商品有个特点，即喜欢用惯了的产品，对新产品往往会抱着怀疑的态度。他们购买商品的心理比较稳定，受广告宣传的影响较小。他们购买商品强调售后服务，产品实惠、实用，因此挑选仔细，提的问题较多，对推销员的态度反应非常敏感。老年顾客阅历丰富，推销员在向这类顾客推销产品时，要多介绍产品的实用价值，当好参谋，并尽量减轻其购物负担，如送货上门、售后保修等。

由此可见，每个年龄段的消费群体，其购买特点与消费心理都不同。推销员要准确定位自己的客户群体，并掌握不同群体的特点，以做到有的放矢，准确推销。

顾客有怎样的购买心理

每个消费者都有不同的特点、不同的习惯，所以购买心理也会大大不同。男性和女性的消费心理不同，老年人和年轻人的购买心理不同，穷人和富人的购买心理不同，热衷于大众化的消费者和讲究个性的消费者的购买心理也不一样。因此，要想使消费者买你的东西，还得仔仔细细分析"上帝"们的购买心理。

1.求美心理。此类消费者在选购商品时不以使用价值为宗旨，而是注重商品的品格和个性，强调商品的艺术美。其购买动机的核心是讲究"装饰"和"漂亮"。这类消费者不仅仅关注商品的价格、性能、质量、服务等价值，也关注商品的包装、款式、颜色、造型等外形价值。

2.求名心理。此类消费者在选购商品时，特别重视商品的品牌和象征意义。商品要名贵，牌子要响亮，以此来显示购买者社会地位的特殊，或炫耀其能力非凡，其购买动机的核心在"显名"和"炫耀"的同时，也体现了其对名牌有一种安全感和信赖感，觉得质量信得过。

精明的商人，总是善于运用消费者的崇名心理做生意。一是努力使自己的产品成为品牌，二是利用各类名人销售自己的产品。

3.求实心理。此类消费者在选购商品时不过分强调商品的美观悦目，而以商品的朴实耐用为主，其购买动机的核心是"实用"和"实惠"。

4.求新心理。此类消费者在选购商品时尤其重视商品的款式和眼下的流行样式，追逐新潮，对于商品是否经久耐用，价格是否合理等，不大考虑。这种购买动机的核心是"时髦"和"奇特"。

5. 求廉心理。一些消费者在选购商品时，特别计较商品的价格，喜欢物美价廉或削价处理的商品。其购买动机的核心是"便宜"和"低档"。

6. 从众心理。一般来说，女性在购物时，比较容易受别人的影响。比如看到某种商品热销，她们很容易动心。她们平时会注意观察别人的穿着打扮，喜欢打听别人所购商品的信息，然后产生一些自己也想拥有的意愿。一些女性容易接受别人的劝说，如果别人说好，她很可能就去购买了；要是别人说不好，她也许就不会买了。

如果一个销售员能准确掌握客户这些购买心理，并准确判断出自己的客户属于哪一种类型，那么，他的推销工作还会有困难么？

了解客户的需求点

你了解客户的需求点么？

行为心理学家告诉我们，人的行为动机来自于两个方面：解决问题和实现快乐。所以，我们在分析客户的需求时，一定要将重点放在帮助他解决问题和帮助他实现快乐上。

1. 解决问题类需求与危机行销法。所谓解决问题类需求，通常针对的产品都是一些生活必需品、日用品等。这类产品的品牌效益不是很强，客户在购买这些产品的时候更注重它们的内在质量、效用和功能，因为客户买这些东西是用来解决问题的。医药、保健品也是属于解决问题类需求的产品。

在推销这些产品时，应该抓住其满足解决问题类需求的本质，采取危机行销法，也就是说向消费者讲述使用或不使用该产品的利弊，通过强化消费者的危机意识，来达到推销的目的。

深圳海王药业银杏叶片电视广告词"30岁的年龄60岁的心脏""60岁的年龄30岁的心脏"，引发观众对改善心脑血管血液循环的重视。这就叫危机行销法。

2. 实现快乐类需求与"催眠"行销法。所谓实现快乐类需求，通常针对的产品是那些时尚的、品牌化的、表现身份的、彰显荣誉的产品。比如名牌手表、时装、首饰、汽车等。

乔·吉拉德在推销通用公司的雪佛兰汽车。当他的客户去试驾的时候，他坐在副驾驶位子上，建议客户把车向家的方向开。等开到客户家的时候让他把两边的车窗玻璃都摇下来，这样隔壁的邻居都会看到。如此，试驾的客户可能会感觉很自豪。

开车回去的路上，乔·吉拉德就会一边开车一边对客户说："这辆车真适合你，你看你的邻居多么羡慕你啊！"于是客户很快就开出买车的支票来了。

乔·吉拉德的成功就在于激发了客户的自尊心与荣誉感。

我们一定要不断地思考：我们推销的产品能够让客户得到什么？是解决问题，还是能够给客户带来快乐？抓住客户的需求点，和客户建立真正的伙伴关系，是我们抓住客户的主要途径之一。

只有知道客户的需求，才能有的放矢地将自己的产品销售出去，因此，了解客户的需求点很重要。我们要本着为客户解决问题、解决危机这一动机来推销我们的产品，这是提高销售额的捷径。

换位思考，以客户利益为中心

冠军业务员普遍懂得站在客户的角度考虑问题，以客户的利益为中心。正是因为他们经常换位思考，所以才会容易读懂客户并赢得客户的心。就如下面的案例：

美国首屈一指的个人成长权威大师博恩·崔西，是个了不起的推销员。

崔西推销商品的一个重要原则就是置换推销。所谓的置换推销，其实就是站在客户的立场上做推销。

崔西在刚开始从事推销工作时，曾经有一位先生坚持要买两份同样的投资标的，一份给他太太，另一份则记在他的名下。崔西只好按照那位先生的要求执行。但是，当晚上他在统计客户资料时，发现投资成一份标的费用和两份分开的投资标的合计费用相比要便宜许多。

　　第二天，崔西向客户讲明，如果两份标的合二为一的话，费用至少可以节省20%。客户听完之后非常感激，接受了这项建议。但是，客户并不知道这样一来崔西的业绩提成将会大降。多年后，这位客户对崔西印象依然很好。虽然崔西这一单的提成有所降低，但是那位客户给他介绍了更多的客户源，早已超出了他当时的损失。

　　因此，一定要将自己的目光放得长远一些，懂得将心比心，将客户的利益放在第一位，那么，回报你的也许将不仅仅是突飞猛进的业绩。

摸清客户底牌

　　在与客户见面交谈之前，一定要做好准备工作，切不可在什么都不知道的情况下，就匆忙与客户见面。只有先了解客户的需求和爱好，才能对症下药，提高交易达成的概率。那么，怎样做才能"摸清"客户的底牌呢？

　　首先，推销员应对客户的工作心态进行了解。对于那种一周将五六十个小时都花在工作上并且乐此不疲的客户来说，工作或许就是他生活的重心。在与这种客户进行交谈时，谈论的话题要十分注意。

　　其次，推销员要及时了解客户的爱好。爱好有各种各样的状态，休闲活动就是较好的代表，关于这一点推销员应该加以利用。现在比较流行的休闲活动包括：收藏、滑雪、游泳、打网球、打高尔夫、钓鱼等，当然还有很多人喜欢戏剧、音乐和艺术。

再次，推销员在介绍自己的产品时，要将客户的兴趣吸引起来。

乔·吉拉德对新来的推销员总会这样说："如果有一批柠檬需要我们去卖，新来的推销员就只会说'买一些我们的柠檬吧'，或者是'当季的柠檬又香又醇'。渐渐地，当他们越来越老练时，就会说'这柠檬是多么鲜美啊，当你将它完全切开时，满满的全是阳光。你既可以享受阳光，又可以享用新鲜营养的柠檬汁'！"

不得不承认，在听到后面一种推销时，你会对他的描述产生兴趣，有一种想要亲口品尝一下这柠檬汁的冲动。从这里，我们也可以看出，引起客户的需求与欲望是多么重要，这对于做好销售也有着至关重要的作用。这一点，值得每一位销售员学习。

第二天　销售先过语言关

话要说到点子上

说话是一门学问，而说话得体则是一门艺术。面对不同的语言环境、对象，及时调整自己的说话方式，才能取得最佳的表达效果。

在销售中，或者在上门推销中，有些推销员会习惯地问："先生，你需要吗？"这其实是一种错误的问话方式。因为它显得唐突，十有八九会遭到拒绝。那么，你应该怎样说呢？

有这么一个公司，新生产了一种空调，让两个推销员去推销。其中一个推销员一天卖了2台，另一个推销员一天卖了30多台。可以说卖30多台的这个人成功了，而卖2台的这个肯定失败了。

那么，他失败在什么地方？其实，他失败在口才上。他见到客户便说："先生，您买空调吗？我们新造的空调可好了，您买一台吧！"人家说："我不买。"之后扭身走了。

另一个推销员却不这样。他对客户说："先生，您忙不忙？如果您不忙的话，我向您介绍一下我们最新的空调产品。这个空调整个的功能，和过去所有的空调都不一样。它不仅能够杀菌，而且能过滤空气。它还能自动定时关闭，而且可以自动调温。在所有现有的空调当中，这个空调的质量最好，功能最全，而且价钱比大部分的空调都便宜。其他的空调可以保修两年或三年，而我们保修五年。先生，请您试一试。若觉得不好，您试用几天后还可以退货。"

从这个例子中我们可以看出，推销员将话说到点子上是多么重要。说话抓不住重点，会让客户感觉你是废话连篇，是在浪费他的时间，因此他连听下去的兴趣都没有，更不要说去购买你的产品了。因此，每一位销售员都要修炼好得体说话这门功课。

引发客户的好奇心

西里尔·奥唐奈说："好奇心是所有人类行为动机中最有力的一种，好奇心是激发购买欲望的引擎。"

在与客户交谈之前，要想好如何挑起话题，让客户产生与你继续交流下去的兴趣，因为好的开场白是销售成功的一半。那么，怎样的开场白才算是好的呢？首先，要唤起客户的好奇心，进而引发客户的注意和兴趣，然后再顺水推舟地介绍产品。唤起好奇心的具体办法可以灵活多样，但大致不外乎两种：

第一，奇特的表达方式。

一个资深销售人员去向一家公司的经理推销商品，门口的接待人员问他："先生，请问您有什么事吗？"

"我姓陈，想拜访贵公司总经理欧阳先生。"他很客气地向对方说。

"陈先生，您是做哪一行生意的？"接待人员紧追不舍地问。

销售人员礼貌地说："女士，请告诉欧阳先生，我是来销售钞票的。"说完这句话就不再理她了。

这位接待人员看看他，目光中流露出难以置信的神情，但她还是进去向总经理报告："有位陈先生要见你，他说他是来销售钞票的。"几分钟之后，她回来对销售人员说："你可以进去了。"

销售人员面对接待人员的询问，并没有告诉她自己是销售商品的，而是用一个幽默奇怪的回答打开了通向总经理办公室的大门。

第二，奇怪的行为方式。

销售人员还可以在销售的开始阶段，利用人的好奇心，给客户留一个悬念，这是打开客户之门的金钥匙。

20世纪60年代，美国有一位非常成功的销售人员乔·格兰德尔，他有个非常有趣的绰号叫作"花招先生"。他拜访客户时，有时会把一个3分钟的蛋形计时器放在桌上，然后说："请你给我3分钟，当最后一粒沙穿过玻璃瓶之后，如果你不要我继续讲下去，我就离开。"

他能利用蛋形计时器、闹钟、20元面额的钞票等各式各样的"花招",让客户静静地坐着听他介绍并对他所卖的产品产生兴趣。

事实上,不管是哪种方式,都有共同的特点:制造一些悬念,引起对方好奇心,然后再道出销售商品的优点,进而迅速转入面谈阶段。只有吸引了客户,才有机会向客户进一步介绍产品,这样,销售出产品的概率也就大大增加了。

消除客户的顾虑

作为一名推销员,有时不妨站在客户的立场上想一想:如果是推销员向你推销产品,你会有什么反应?这款产品如果正是你所需要的,你会怎么做呢?如果通过推销员的介绍,你对这款产品有了了解,在决定购买前,你会有怎样的心理活动?

大部分的人在做购买决定的时候,通常会了解三方面的情况:第一个是产品的品质,第二个是产品的价格,第三个是产品的售后服务。如果推销员能站在客户的角度考虑问题,那么上面这三点就不难想到。所以,我们应该换种角度,多站在客户的角度考虑问题,以彻底打消客户心中的顾虑与疑问,让客户"单恋一枝花"。

如:先生,那可能是真的,毕竟谁都想少花钱买最好的商品。不过，我们这里的服务好，可以帮忙进行××，可以提供××。您在别的地方购买，就没有这么多的服务了，您还得自己花钱请人来做××，这样不光多花钱，还浪费您不少宝贵的时间。因此，相比较下来，还是我们这里的比较合适。

如此一来，将客户的顾虑打消，成交也就变得容易多了。

说话的原则与策略

一位口才好的推销员，不但能达成自己的目的，而且说话讲究原则，有理有据。主要表现在以下几个方面：

第一，目的是关键，口才是手段。中国古代有"一言可以兴邦，一言也可误国"之说，此话道出了会说话的重要性。在推销过程中，推销员的口才就是为目的服务的。

第二，有理、有据、有节。从谈话中了解客户是说话取胜的关键。谈话有如上阵打仗，只有知己知彼，才能百战不殆。只有了解客户，才能有针对性地销售产品。

宋代有一位大臣为官公正，为人刚正不阿。他年轻时四处游学，机缘巧合下竟然认识了微服私访的当朝皇帝。皇帝心血来潮，写字画画去卖，只可惜水平实在不高。这位青年告诉皇帝，他的画只值一两银子。皇帝听了既不服气又生气，但也不好发作。

第二年，这位青年进京赶考，高中状元，成了天子门生。

觐见皇帝时才发现，原来当年卖画的"老兄"竟然是皇帝。皇帝也认出了他。皇帝屏退左右，只将这位青年留了下来，拿出当年只值一两银子的那幅画，问道："卿家认为这幅画价值几何？"

这位青年赶紧上前一步说道："这幅画如果是陛下送给为臣的，那就价值万金。因为无论您送的何物，对为臣来说，都是无价之宝。但如果拿去卖，这幅画就值一两银子。"

皇帝听了，不禁拍掌大笑，知道自己有了一位才学渊博、品行端正的忠心之士。

第三，掌握主题。我们在交谈时，经常会用一些信息作修饰，以突出或充实自己的语言。如果使用正确，这会使你的语言显得丰富。但如果使用不当，容易适得其反，令人抓不住你谈话的主题。

第四，说话要条理清楚。说话时，一定要注意因果关系、前后联系和善于归类等。在表达不同思想时，要注意使用过渡、转折的方式。如果在谈话过程中有不同的观点、见解，可以使用"另外……""还有一个问题……""更重要的是……"等句式。这样，客户可以根据你的语言来调整自己的思维，从而知道你想要表达出的中心意思。

虽然一个善于辞令的人未必是好的推销员，但一个好的推销员一定是善于辞令的。因此，要想取得好的销售业绩，推销员就应掌握一些说话原则与策略。

第三天　怎样开发客户

把握客户的性格特征

有些客户的性子比较急，很容易冲动；有些客户则生性多疑，性子比较慢；有些客户的脾气非常暴躁；有些客户则属于温和的类型；有些客户傲慢自大、目空一切；有些客户则是谦虚有礼、毕恭毕敬。总的来说，推销员只要能够把握住不同类型客户的个性和特点，就能为自己的推销打开一扇成功之门。

米勒是一家大型电缆代理公司的销售经理，性格直率、办事果敢、视效率如生命，他的人生信条是要和死神争夺每一秒钟。他觉得每过去一秒钟，自己也就离死亡更近了一秒钟，所以，他总是很珍惜每一秒钟。他的这种想法使整个公司的员工和他一样重视自己的工作效率。

哈登和琼斯分别是两家保险公司的推销员，他们从各自的渠道知道了米勒先生没有购买保险的情况。所以，两家公司都想劝说米勒先生买自己的保险。预约很多次之后，米勒先生才同意和他们会面。巧合的是，他们是在同一天前来拜访的。哈登先到的米勒先生办公室，当时米勒先生正在忙自己的事情。哈登打开自己的本子，开始按照保险计划书上的内容读起来。米勒先生甚至连头都没抬一下。这个月他已经见了好几个推销员了，他觉得这是浪费时间，但是为了尊重推销员，他只好答应和他们会面。5分钟的会面时间到了，哈登悻悻地走了。

琼斯进去的时候，米勒先生仍然在忙，还是没有抬头。琼斯很有礼貌地对米勒先生说："米勒先生，我和您一样不希望浪费自己宝贵的5分钟时间。"话音刚落，米勒先生就不由自主地抬起了头。琼斯接着说："结束和您的5分钟会面后，我还要去加西亚先生那里和他会面。这之后还有很多的工作安排。尊敬的先生，上帝对我和对您是一样吝啬的。"米勒先生不自觉地就放下了手里的工作，听琼斯讲起了他的保险计划。

在言简意赅地介绍完自己的保险计划后，琼斯说道："时间差不多了，我不想占用您更多的时间，希望您有时间的时候好好考虑一下我说的计划。"仅仅过了几天，琼斯就接到了米勒先生秘书的电话，米勒先生同意了琼斯提出的保险计划，决定投保。

什么原因让米勒先生对哈登和琼斯的态度有如此大的差别？是琼斯简洁的语言。琼斯早就知道米勒先生的性格和行事风格，所以，他决定按照米勒先生的风格来进行自己的推销工作。事实证明，他的选择是正确的。

熟悉客户的兴趣爱好

在推销受挫甚至是束手无策的情况下，如果推销员对客户的兴趣爱好非常熟悉的话，通常就能化被动为主动。喋喋不休、死缠烂打的推销方式是最令客户厌烦的，特别是在客户的工作不是很顺利的时候，客户更需要一些心灵上的慰藉，他们需要一个真正能够理解他们，能够和他们轻松交流的对象。这个时候，如果推销员能够走进客户的内心世界，赢得客户的信任和好感，那么就为推销的成功埋下了希望的种子。

韦德先生是一家大型贸易公司的总裁，以罗伯特先生为首的董事会总要在每个季度的第一个月中旬召开一次招标大会，讨论和决定采购方案。一到这个时候，很多商家都会蜂拥而至。然而，几乎所有的推销员都是一样的说辞，千篇一律的推销方法让韦德先生感到很厌烦。弗莱去见韦德先生的时候，韦德先生正疲倦地靠在沙发上，他对弗莱的来访有点视而不见的意思。弗莱心里很清楚，如果他和之前的推销员一样向韦德先生推销自己的产品的话，结局一定和前面的推销员一样。所以，他临时决定改变自己的推销方法。此前，通过一篇韦德先生的访谈，弗莱知道了韦德先生喜欢篮球。

弗莱很礼貌地说："韦德先生，您很喜欢打篮球，是吗？"

韦德稍稍睁开眼睛，淡然地问："你怎么知道？"

弗莱说："我不仅知道您喜欢打篮球，还知道您大学时代就是学校篮球队队长，对吧？

韦德先生沉思着："哦，是的……"他疲惫的眼神中忽然闪过了一道异样的光芒，好像他年轻时代的生活又回来了。

弗莱接着说："老实说，我上大学的时候也很喜欢篮球，一直想加入篮球队，可惜这个美好的愿望一直都没能实现，特别是在做了这份工作之后，我就更没有机会了……"

韦德微笑着没有说话。

弗莱又说："篮球代表着一种精神，代表着一种闪耀着生命之光的激情……"

韦德说："年轻人，机会是自己争取来的，今天晚上我就可以带你去奥斯曼俱乐部打篮球，我是那里的会员。"

那天晚上，韦德和弗莱忘情地打着篮球。韦德先生觉得自己一下子年轻了几十岁，他好像回到了朝气蓬勃的青春时代……

几天之后，韦德亲自给弗莱打电话，决定采购他们公司的产品……

弗莱从来没想过，自己只是尽情地和客户玩了几个小时，就做成了这么一大笔生意。其实这没什么好奇怪的。客户也希望在工作之外有普通的朋友和生活；他们也希望能在某些时刻远离工作的环境，获得心灵上的自由；他们也希望能够得到更多的快乐；他们也希望能够吸引更多的人成为自己的朋友。

了解客户的人生经历

对于一些客户，特别是那些已经取得成功而经历又十分曲折坎坷的客户来说，他们现在的成功和事业的如意并不是他们最在意的，他们更喜欢和年轻人谈论自己的人生经历，更在意自己取得成功的过程。他们的成功督促他们检视自己、反省自己，督促他们不断地总结经验。他们将这些经验看作一个成功者必须要具备的品质，把这些经验视为自己个性魅力的表现，他们常常因为这些经验而感到自豪和骄傲。

布鲁尔是一名地板销售公司的推销员，根据今天的预约，他准备去见加西亚先生。加西亚先生是远近闻名的投资公司的老总，新闻报道说加西亚先生拒绝了房地产商为他提供的别墅，而买了一套普通的家居用房，而且要自己参与装修。布鲁尔公司的老板把向加西亚先生推销地板的任务交给了布鲁尔。布鲁尔知道这项工作有多么艰巨，因为在本地区的地板销售公司就有几十家，而且实力都很雄厚。布鲁尔打了很多次电话才得到了这次只有10分钟的会面机会。

通过查阅加西亚先生的个人资料，布鲁尔大致了解了加西亚先生的人生履历。童年不幸：在加西亚先生很小的时候，他的父亲就去世了，母亲靠着帮人洗衣和缝补，赚钱养活他们兄弟姐妹几个，生活十分困苦。成长坎坷：加西亚先生做过很多工作，甚至还捡过垃圾卖钱。经历过那些艰难的日子之后，即使加西亚先生如今已经获得了财富和地位，他仍然过着十分朴素的生活。掌握了这些情况后，布鲁尔对加西亚先生产生的敬仰之情完全取代了他之前的恐惧感。他觉得即使自己的推销失败了，能和加西亚先生交流一下也是不小的收获。

加西亚先生："我今天已经见了十多个地板推销员了，如果您也是这样的目的的话，我只能告诉您，我现在只想给自己放个假，暂时没有考虑这件事情，或许等明年的时候，我们可以再探讨一下。"

布鲁尔："给自己放长假？哦，加西亚先生，这绝对是一个好主意。"

加西亚先生："我也这样觉得，所以，很抱歉，我暂时没有买地板的打算。"

布鲁尔："实际上，我也想给自己放一个长假，我很想念我的母亲和兄弟。但是您也知道，对于我这样一个普普通通的推销员来说，这只是一个梦想而已。"

加西亚先生："这是为什么呢？你完全可以回去看看自己母亲啊！"

布鲁尔："因为我更加需要生存。如果您知道我在得到这份工作之前都做过什么，您就不会对我说这样的话了。即便到了现在，我也只是一名普通的推销员，而且只是您今天见到过的十几个人之中的一个而已。"

加西亚先生："一名普通的推销员也是能获得成功的，就像十年前的那个我一样。"

布鲁尔："但是您现在已经和从前不同。"

加西亚先生："现在？哦，是的，但是我从来没有打算放弃努力。"

布鲁尔："确实应该这样，加西亚先生，我想我也得和您一样永远不放弃努力才行。一直到您打算使用我们的地板或者是您决定使用其他人的地板为止！"

加西亚先生："你的意思是说如果我不定下来用谁的地板，你就会一直坚持向我推销？"

布鲁尔："确实如此，先生。"

加西亚先生："那好吧。你能不能给我一份你们产品的资料，或者我们谈一谈价格？"

布鲁尔："当然可以，先生，我很乐意为您效劳！"

布鲁尔所在公司的地板价格比较合理，而且质量和外观都与加西亚先生的要求符合，交易就这样做成了。

我们从布鲁尔的成功案例中可以看出，了解客户的人生经历是相当重要的：在别人都在等待见面机会的时候，布鲁尔先大概地了解了一下加西亚先生的人生经历，从中大致判断出了加西亚先生的性格特征——经历过艰难困苦的人，不会忘记自己经历的坎坷人生，也会更加珍视自己取得的成功；由于自己的经历，他深知一穷二白的年轻人的艰难，在布鲁尔的身上，他看到了自己年轻时的影子，这个年轻人有着和他一样的自强不息、不惧艰难的精神，这令加西亚深感欣慰。同时，加西亚也从布鲁尔身上看到了希望，他深信布鲁尔这样的年轻人能够获得成功，也会尽力满足他对产品的要求。

成功销售要善于结关系网

卡耐基说："成功是85%的人际关系加15%的专业技术。"由此可见，良好的人际关系对成功起着重大的作用。

推销工作也是一种交际。作为一名推销员，在和现有客户搞好关系的同时，还要不断扩大交际范围，接触不同的人，广结善缘，这样才有利于推销工作的开展。

有人把交朋友、结善缘称为编织关系网，之所以将其称作"网"，自然是具有网的特点。也就是说，在这个网上，朋友的构成应有点有面，分布均匀。但有的人却不是这样交友的：他们交友的范围十分狭窄，朋友分布十分不均；他们只认识自己熟悉的范围内的一些人，而这些人的行业和特长都比较单一，这样就构不成一面标准的关系网了。

不同的行业和不同的爱好会对交友形成比较大的影响。比如你是推销员，你周围的朋友大多也是经商的人，其他各行各业都可以依此类推。这就是我们在"编织关系网"的时候常常会遇到的局限，这种局限会影响到关系网的"使用价值"和质量。假如你是一名商人，那么你有没有必要结交政界的朋友呢？回答当然是肯定的。

广泛的社会关系是机遇的源泉。社会关系越广泛，遇到机遇的概率就越大。许多机遇就是在与朋友的交往中出现的。有时，甚至是在你不经意的时候，朋友的一句话，朋友的帮助、关心等都可能为你创造难得的机遇。在很多情况下，就是靠朋友的推荐、朋友提供的信息和其他多方面的帮助，人们才获得了难得的机遇。因此，从这个意义上说，社会关系越广泛，机遇就越多。

西方有句谚语说得好："每个人距总统只有6个人的距离。"这句谚语的意思是说，你认识的人会认识更多的人，而那些人又会认识更多人，这种连锁反应能够一直延续到总统的办公室。而且，如果说你距总统只有6个人的距离，那么，你距任何你想会见的人也是这样的距离。

如何成功接近客户

在拜访客户时，推销员可能会遇到秘书、保安等人的阻拦。这些人的存在，总会让推销员感觉碍手碍脚，还得抽出精力去应付。其实，如果将这些人看成推销对象、未来的合作伙伴，那么所有的问题都不再是问题了。你可以根据对方的特点，寻找突破他的方式，问路当然是一招，讨教化妆窍门也是一招。

某公司推销员对客户说："只要你回答两个问题，我就知道我的产品能否帮助你装潢你的产品。"这实际上也是一个问题，并且常常诱出这样的回答："你有什么问题？"

一位女推销员总是从容不迫、平心静气地提出三个问题："如果我送给你一套有关个人效率的书籍，你打开书发现内容十分有趣，你会读一读吗？""如果你读了之后非常喜欢这套书，你会买下吗？""如果你没有发现其中的乐趣，你把书重新塞进这个包里回寄给我，行吗？"这位女推销员的开场白简单明了，使客户几乎找不到说"不"的理由。

美国一位口香糖推销员遭到客户拒绝时就提出一个问题："你听说过威斯汀豪斯公司吗？"零售商和批发商都会说："当然，每个人都知道！"推销员接着又问："他们有一条固定的规则，那就是该公司采购人员必须给每一位来访的推销员一小时以内的谈话时间。他们是怕错过好的东西。你是有一套比他们更好的采购制度，还是害怕看东西？"

当然，接近客户的问题必须精心构思，注意措辞。事实上，有些推销员不善于思考，不管接近什么人，问出的话都是千篇一律："生意好吗？"有人对推销员第一次接近客户时所说的行话进行了研究。结果发现，来访的14名推销员中，有12名开口问道："近来生意还好吧？"这种话让人听起来很是乏味，便不想再谈下去。所以，为了交谈顺畅，一定要事先准备好你的开场白。

如何抓住客户的心

推销员在与客户会谈中，碰到的最大难题就是如何抓住客户的心。也许你可以抓住客户的眼睛或耳朵，但是如果抓不住他的心，就很难实现销售目的。年轻的客户，多会想着男女关系、儿女之情；会计师关注最多的是数字；生意人心中想着的是他的生意；医生想着的是他的病人……总之，人人心中都有一个十分在意的点。

如何将客户心中的在意点转移到你销售的产品上呢？有一个方法，便是将客户的眼睛抓住。

当我们看到某件东西的时候，我们心中便会投射出一个印象，令我们集中精神。躺在床上时，我们的意念是天马行空的，因为我们躺在床上是闭着眼睛的，但当我们张开眼睛时，心中的杂念自然会减少。由此可见，控制客户情绪的方法，是先用图片等可以看见的东西去辅助解释。

参加产品推介是你学习和提高销售技巧的途径。业务员能争取更多的机会锻炼技巧与胆识，唯有更多的练习，你的销售才更有说服力。

通常情况下，利用图片说明效果也佳，但要如何利用呢？最好的办法就是不断地苦练，将自己要讲的话，配合图片展示，直到练到出神入化为止。这就如同开车，习惯手动挡的司机，对进出挡位不会觉得麻烦，这是因为熟能生巧。临渊羡鱼不如退而结网，与其羡慕别人的成功，不如埋头苦练，总有一天，你也可以成功。

做销售就是交朋友

通常，友谊可以分为三种：一是相互的、为双方所接受的友谊；二是抱着实用目的而建立的友谊；三是为取乐所爱的人而建立的友谊。销售员与客户之间的友谊，大多属于第二种，因为他们之间的关系多是利益关系，也是一种合作关系。在这种关系中，销售员首先要建立一种理念，即你怎样对待自己，也就怎样对待自己的客户。

著名的汽车销售大王乔·吉拉德，在推销活动中，总是设法让每一个光顾他生意的客户感到他们似乎昨天才刚刚见过面。

有一次，当乔·吉拉德友好地问一位新客户做什么工作时，这位客户告诉他，自己在一家螺丝机械厂工作。

"噢，那很棒啊！那您每天都做什么呢？"

"制造螺丝钉。"

"是吗？我还从来没有见过螺丝钉是怎么造出来的呢。方便的话，我还真想去你们那里看看呢，欢迎吗？"

乔·吉拉德只想让对方知道自己对对方的工作非常重视。

或许在此之前，从来没有人怀着浓厚的兴趣去问过这位客户类似的问题呢。

不久后的一天，乔·吉拉德特意去了这位客户的工厂拜访他，这位客户真是喜出望外。他将乔·吉拉德介绍给自己的工友们，并且非常自豪地说："我就是从这位先生那里买的车。"而乔·吉拉德则趁机给每个人一张名片。正是通过这种策略，乔·吉拉德获得了更多的成功。

销售的过程，就是找到那些肯买你的产品的人并建立长期联系的过程。所以，做销售也是交朋友。如果销售员能与客户建立一种良好的关系，进而扩大你的人际关系圈，那么你离成功也就更近了。销售员接触的人越多，做成生意的机会就越多。这种成正比的销售关系，相信每一位销售员都能很好地理解。

管理好你的客户名单

建立属于自己的客户群，对一名推销员来说是至关重要的。你必须对自己的客户有详尽的了解，这样才有利于推销工作的进行，因此一定要管理好你的客户名单。那么，作为一名推销员，具体该怎么做呢？

第一，建立自己的客户信息。客户信息源是建立在人与人之间的交往中的。人际关系网像蜘蛛网一般，我们要好好地利用客户信息源，开疆扩土，最好是在客户生日时寄张小卡片或寄份小礼物，随之附上一张名片。只有不断寻找机会的人，才能够及时把握住机会。

第二，建立准客户卡。准客户卡是推销作战的最重要资料，因此被视为"极机密"的档案。

原田一郎进入明治保险公司后，平均每个月用掉1000张名片，30年下来，他累积的准客户已有2.8万个以上。他把这些准客户依照成交的可能性，从A到F分级归类，建立了准客户卡。

"A"级是在投保边缘的准客户。这一级的准客户，只要经他奉劝，随时都可能来投保。

"B"级是由于某种因素不能马上投保的准客户。这一级的准客户，只要稍待时日，即会晋升至"A"级。

"C"级的准客户与"A"级的相同，原来都属随时会投保的准客户，但因健康的关系，目前被公司拒保。

"D"级的准客户健康没问题，不过经济状况不太稳定。由于人寿保险属长期性质的契约，保费须长期缴纳，若收入不稳定，要长期支付保费就成问题了。对这类准客户，推销员可待他们的经济状况改善后再行动。

从"A"级到"D"级的准客户的共同点是，对保险制度有充分的了解，他们也都有投保的需求和意愿。原田一郎只不过就彼此间的不同点，加以分门别类，以便于自己的分析与判断。

"E"级的准客户对保险的认识还不够，推销员与准客户之间还有一段距离。这表明推销员的努力不足，还须再下功夫进行深入调查。

"F"级的准客户包括两种：第一种是在一年之内很难升等级者，第二种是仅止于调查阶段。针对第一种"F"级准客户，推销员只能根据实际状况，再做调查，或继续拜访，以求能逐渐晋升等级。

上述"A"级至"F"级的准客户，只要原田一郎与他们一有接触，就会马上将他们的信息详细记在准客户卡上。

原田一郎通常会根据这些准客户卡上的记录，回想当时交谈的情形以及对方的反应，然后边想边反省，并做下列两件事：

检讨错误的内容，加以修正或补充；

修正自己的姿态，以便于更能接近准客户。

随着社会的发展，很多事情都是瞬息万变的，而准客户的情况也会随时发生变化。因此，我们要及时了解掌握客户的每一个变化，抓住客户的每一个变化契机，采取最有利的对策展开工作。

第四天　怎样扩大人脉圈

增加客户群的方法

准确地掌握客户群是提高业绩的便捷之路，能起到事半功倍的效果。针对推销需求的方向，制定不同的策略，就能快速而有效地得到稳定的客户群。那么，如何才能发掘准客户呢？我们可以参考以下几种方法：

第一，攀亲带故。借由各种关系的推衍可以很容易切入主要话题，减少许多不必要的时间浪费，这些关系可以有亲戚、朋友、同事、同学、邻居、同宗等。运用这些关系可以拉近彼此的距离，只要能够掌握好，准客户就在眼前。当然，如果没有任何可以运用的关系，也可以创造关系。

第二，直接访问。直接访问就是"扫街"（沿街挨户推销），这也是"大小通吃"的手法。这样做虽然辛苦，但是对新人而言，是个磨炼自己的好办法，也是提升业绩最有效率的方法之一。直接访问的方式有下面三种：

固定范围：以街道或行政区域为原则，不分对象采取密集式的访问。

特定对象：找寻可以接受或有能力购买自己推销的产品的客户群，能减少在选择客户时不必要的时间耽误。

特定行业：锁定适合自己推销的产品行销的行业，这样自己只需要准备好资料提供给客户，也可使自己的应对技巧更加熟练（因为反复练习的缘故）。

第三，客户介绍客户。客户一句夸赞的话，可以胜过推销员十句措辞严谨的推销术语。所以，你必须用好的产品与客户建立良好的关系，这样客户愿意帮你介绍产品的可能性才会增加。

第四，电话访问。先行用电话访问来过滤客户，排除拒绝者，其最主要的目的是约访。使用电话来探寻客户群可以运用问卷调查，提供免费资讯，召开说明会、讲座，进行抽奖、摸彩等方式来进行。

第五，加入社团组织。许多行业都会组成公会或商会，也有一些财团法人机构、商业俱乐部、读书会、研究会等，这些机构都有相当程度的会员。如果你可以加入这些组织，那么这些机构就成了你寻找准客户群极好的渠道。

第六，互惠方案。将利益共享的观念带给客户，通过客户的关系相互介绍，相信双赢互惠的方案一定会获得客户的认同，而使得准客户愈来愈多。

针对已经成功交易的老客户，再次向他进行推销或者增加销售数量，这种销售方式被称为"塞货"。但是不能太过分了，只要适当，客户一般不会太介意。

每天交几个朋友

　　一名成功的推销员，最常做的事儿就是和别人打交道。当你拥有了广泛的人际关系时，很容易就能从中找到你的准客户。因此，给自己订立一个目标，多认识一些陌生人，然后和他们发展成朋友。认识陌生人，并不是就要和他们谈生意，因此你不必有太大压力，你只是要了解他的名字，他的工作和生活情况，他与众不同的地方……只要你是一个足够好的听众，一定会有人愿意把生活和工作上的烦恼来向你倾诉。

　　每天认识几个人，开始的时候也许是一件有点困难的事情，所以就需要有个规则，以让你坚持做下去，然后让这件事慢慢地变成你生活中一个不可缺少的部分。

　　一个和尚已经80多岁了，他一直都非常勤劳，每天不辞辛苦地干活。他的一个徒弟，因为看到师父每天都非常辛苦，所以便想要分担一些师父的辛苦。有一天，他趁着师父不知情，偷偷地把师父的事情都干完了，但是令他感到奇怪的是，师父竟然不吃饭了，因为在师父看来，干活已经成了他生活中的一部分，如果他今天不干活，那么他也就不吃饭。

　　对于推销员来说，认识朋友是一个必要的步骤，这是一件持之以恒、一以贯之的事情，绝不可以"三天打鱼，两天晒网"。

有数据显示，销售人员一般在认识 25 个人之后，就会拥有 5 次见面洽谈的机会，而这 5 次见面洽谈至少可以带来 1 次成功的合作。

让客户帮你介绍客户

在寻找准客户的诸多方法中，有一种比较实用可靠的方法就是借助介绍系统。通过客户介绍客户，会让销售员在客户面前显得比较自在，这是更能应付自如的一种好办法。

介绍的方式有两种：一种是由对你之前服务满意的客户直接站在帮助你的立场，向朋友说出你的服务品质是可以确保的；另一种是假使第一种方式你嫌太过直率，可以让客户帮你跟朋友说几句好话，然后你和他的朋友见个面。

譬如，客户生日那天，你可以请他出来吃早餐，因为只有这样才有机会跟他见面。见面时，你可以刻意跟他说："我们今天不谈你的保险计划。"这能使他放心不少。等吃到一半的时候，你可以问他："有我这么一个人做你的保险经纪人，你是否觉得高兴？"鉴于你平时对他的服务以及生日时还请他吃早饭，所以他的答案应该是满意的。

接下来你可以问问，他太太是否曾把她的产科医师或儿科医师介绍给其他的人，答案也许是肯定的。

当要离开时，你可以对客户这么说："你知道吗，有件事令我十分困扰。你说你很高兴有我这样的保险经纪人，然后你又说你太太曾把她的医师介绍给她的朋友，可是你从来没有把我推荐给任何人。你是对我有什么不满意吗？"

你应该向你的客户保证：你绝不会做任何事，去破坏你们的友谊，或使客户身陷尴尬的场合。当你这样保证之后，相信能增加他的信任，他也会觉得把你介绍给他的朋友是可以的。这种通过客户去接近一个人比直接去接近的场面要自然许多。

一旦介绍的程序开始运作，你就更容易成功了。即使被介绍来的准客户，很少会回过头去向原先的介绍人查证什么，但至少中间的信赖障碍可因介绍的程序而被除去，大幅提高销售成功的概率。让客户帮你介绍客户，敲门的次数可以减少，会谈的次数可以增加，成交比例可以增加。如果能做到让这些客户对你的工作满意，那么他们也会介绍更多的客户给你认识，那样你就可以重新开始销售程序了，如此产生的连锁反应，会让你的工作开展得更加顺利，也能很快提高你的业绩。

永远留住已有客户

今天，我们需要加强一个观念：永远留住已有客户。

身为推销员，我们可以体会到，在寻找并开发客户的过程中，有的客户从刚开始接触到最后签单，其过程非常漫长；而有的客户则很容易就签单。有些推销员就会在心理上有一种倾向：有的对那些通过艰难过程成交的客户特别重视；有的对那些较容易成交的比较重视。

小陈是某培训学校的课程顾问，这天，他签下了两个客户。其中一个是他服务了近两个月，对其讲解了公司所有产品与售后，包括已有学员成绩后，经过深思熟虑才决定签单的。另一个是他刚出公司门口碰到的自己来公司咨询的客户。因为这个客户对该学校早有耳闻，本身也想让孩子好好补习，在小陈介绍完后，就主动签单了。

在之后的服务中，小陈经常关心后面的这位顾客，而对前面那位客户的服务并没有跟上。结果，半年后，前面那位客户就结束了在该校的培训，转到了另一家机构。

其实，作为推销员，不管客户是以何种方式开发出来的，都要一视同仁。因为，既然客户与你签合同，就完全有可能一直和你合作下去。纵使有一天他不再需要你提供的服务，

他也会在朋友需要时推荐你的产品。所以，要做到永远留住已有客户。

别停下寻找客户的脚步

认识乔·吉拉德的推销员都会感到很纳闷：乔·吉拉德到底是从哪里找来了这么多的客户？答案很简单，乔·吉拉德把每一个人都看成准客户，而他的做法就是让他的名片满天飞。

他曾让他的名片漫天飞舞，就像雪花一样，飘散在运动场的每一个角落。你可能对这种做法感到奇怪，但乔·吉拉德认为，这种做法帮他做成了一笔笔生意。

当人们打算买汽车时，自然会想起那个抛撒名片的推销员，想起名片上的名字：乔·吉拉德。你要永远记住这样一项事实——有人就有客户，如果你让他们知道你在哪里，你卖的是什么，你就有可能得到更多的机会。

把每一个人都看成准客户，需要在任何时候都不忘以最简单有效的方式宣传自己销售的产品。

从前，在美国标准石油公司，有一位推销员名叫阿基勃特。他仅是公司里一个名不见经传的推销员。当时公司的宣传口号是"每桶4美元的标准石油"，因此，不论何时何地，凡是要求他签名的文件甚至书信或收据上，阿基勃特都会在签的名字下面，写上"每桶4美元的标准石油"这样几个字。日复一日，年复一年，他被同事叫作"每桶4美元"，而他的真名倒没有人叫了。4年后的一天，董事长洛克菲勒无意中听说了此事，马上请阿基勃特吃了一顿饭。他问阿基勃特为什么这样做，阿基勃特说："这不是公司的宣传口号吗？每多写一次就可能多一个人知道，这样我们也许就可以多一个客户了。"

后来，洛克菲勒卸任，阿基勃特成了第二任董事长。他不仅推销出了产品，也推销出了自己。

只要用心去寻找，很容易就能发现准客户。只要你愿意，每一个人都可以成为你的准客户。因此，一定不要停下寻找客户的脚步，因为客户是无处不在的，只要你善于开发，你的客户就会越来越多。

第五天　接待客户要因人而异

如何面对精明的客户

精明的客户，是推销员最害怕面对的，因为这类客户属于最难对付的类型之一。面对这类客户，推销员往往有一种无从下手的感觉，因为这类客户好像在自己周围建立起了坚韧的保护网，刀枪不入。他们先是固守自己的阵地，并且不易改变初衷，然后向你索要产品说明和宣传资料，继而提出产品的缺点，还会声称另找厂家购买，以观推销员的反应。

倘若推销员初次上门，经验不足，便容易中其圈套，因担心失去客户而主动降低售价或提出更优惠的成交条件。针对这类圆滑老练的客户，推销员要预先洞察他的真实意图和购买动机，在面谈时营造一种紧张气氛，如现货不多、不久要提价、已有人订购等，使对方意识到只有当机立断做出购买决定才是明智之举。将对方陷入如此"紧逼"的气氛中之后，推销员再强调购买的利益与产品的优势，加以适当的"利诱"。如此双管齐下，客户也就没有更多纠缠的机会了。这类客户对推销员缺乏信任，又总是将自己的意志强加于人，往往为区区小事与你争执不下，因而推销员事先要有受冷遇的心理准备。

在洽谈时，也会碰到有些客户的刁难，或者指出产品的缺陷并且先入为主地评价推销员和有关厂家，因此，推销员在上门推销走访时，要做好充足的准备，带齐相关的资料和佐证。另外，有些客户在达成交易时，也会提出额外的要求，如打折等，推销员在这方面要提前做好准备，这样才能避免无功而返。

怎样维护客户的面子

没有经验的推销员，在刚开始从事推销工作的时候，面对客户提出的异议，都会条件反射般进行反驳，好证明自己是对的。这种做法很容易使双方陷入一种不愉快的处境，对于推销工作的开展也有阻碍作用。

要让客户既接受你的意见又感到有面子的方法有两种：一是让客户觉得一些决定是由他自己做的；另一个是在小的地方让步，让客户觉得他的意见及想法是正确的，也受到了你的尊重，这样他会觉得很有面子。

任何事都是可以商量的，只要方法正确。争吵仅是发泄心中的不满，并不是在解决问题。如果你能避免正面的争论，而从侧面进行软进攻，有时反而能取得意料不到的效果。

人们总是不喜欢改变自己的决定，他们一般不可能在强迫和威胁下心甘情愿地同意别人的观点，但他们愿意接受态度和蔼而又友善的开导。

在推销中，推销员总是希望迅速有效地改变客户的态度，但过程中使用的方法一定不能简单，尤其是客户用一个错误的事实来坚持他的态度时，你千万不能直接去指出其错误，而要懂得尊重客户，采用间接的方式暗示他：我是尊重你、理解你的，所以，没有当场揭穿你。这样，他在羞愧之余还存有一点感激，这种感激就成了推销的突破口，有助于你的推销一举成功。

千万要记住，做任何事情都要问自己：我要的结果是什么？这样做会得到我要的结果吗？这样做对我有好处吗？你要明白，避免争论对你有好处，因为别人会感受到你是重视他们的。

真正的推销高手，不会试图去"赢"客户，他们只会建议客户，在客户感觉被尊重的情况下进行推销工作。成交才是推销的目的，说赢客户并不能促成推销工作，反而会引起客户的反感。因此，切忌与客户进行争辩。

让客户感受到你的坦诚

在推销活动中，我们除了要坚持诚信为本，也要适当表现出坦诚的态度，并让客户感受到。

斯迪克先生和弗莱格先生都是推销员。斯迪克先生从头至尾都笑眯眯地与客人聊天。无论对方说些什么、提出什么问题，他都表现出很感兴趣的样子，而且自始至终都专心地倾听，偶尔适时地回应，让对方的话题越来越轻松，客户感觉他们之间已没了距离。等到双方相谈甚欢之际，斯迪克先生会全神贯注地凝视对方，让对方感受到自己内心所有的热情与诚挚。他知道应该在什么时候加强语气，热情地向对方强调如果拥有他所推销的产品会带来什么样的好处。

而弗莱格先生则与斯迪克先生完全相反。他不仅面无表情地说话、倾听，甚至觉得让别人知道自己的内心感受是一件很不开心的事情。于是无论是对客户提问题还是在交谈中，他都表现出一副漠不关心的样子，而且对客户的话题也从不做出任何积极回应。他只是坐在那里静静地听着，脸上没有任何表情，更不用说在适当的时候加强语气来附和客户，并将话题转移到介绍产品中去。这样一来，客户就很尴尬，不知道弗莱格先生心里真正的想法，也不知道他此行的目的。

从以上的描述中，我们就可以想象他们二人的推销成果，自然是斯迪克先生推销出去的产品更多。斯迪克先生的业绩在公司里一直是遥遥领先的，他是当之无愧的"金牌推销员"。而弗莱格先生则被人们戏称为"包袱推销员"。其实两人推销能力并没有太大的差别，对产品也是了解得一样透彻，两人最大的差别就在于他们在与客户交谈时的表情反应有着天壤之别。

我们在与客户交谈时，都希望让客户感受到我们的坦诚，那么，你应该学习一下运用怎样的方法，才能让对方知道你是坦诚的。就如案例中的斯迪克先生一样。

寻找彼此感兴趣的话题

只有找到能引起客户兴趣的话题，才可能让整个销售沟通过程比较顺畅。一般来说，客户是不会马上就对你的产品或服务产生兴趣的，除非他事先了解了你的产品或服务，或者对此有急切的需要。于是就需要销售员在最短时间之内找到客户感兴趣的话题，然后伺机引出自己的销售目的。比如，你可以从客户的工作、孩子和家庭以及重大新闻时事等谈起，以此活跃沟通气氛，从而增加客户对你的好感。

对于一些客户十分感兴趣的话题，销售员不妨通过巧妙的询问和认真的观察与分析进行多方面了解，然后引入销售话题。所以，在与客户进行销售沟通前，销售员非常有必要花一些时间和精力对客户的喜好和品位等进行研究，这样才能在销售沟通过程中做到有的放矢。

不过，销售员在寻找客户感兴趣的话题时也要注意，要想让客户对某种话题感兴趣，你最好对这种话题有相应的了解。因为整个沟通过程必须是互动进行的，如果只是客户一方对某种话题感兴趣，而你却表现得兴味索然，或内心排斥却故意表现出喜欢的样子，客户就会觉察到你的情绪，与你交谈的热情和积极性也会因此马上冷却。这样的情况下是很难达到良好沟通效果的。

所以，销售员平时应多培养一些兴趣、爱好，多积累一些各方面的知识，至少应该培养一些比较符合大众的兴趣，比如体育运动、积极的娱乐方式等。这样才能保证在与客户沟通中不至于捉襟见肘，也不至于使客户感到与你的沟通索然寡味了。

实话实说赢得人心

在市场竞争激烈的情况下，面对越来越挑剔的顾客，如何才能让他们心甘情愿地掏腰包来购买你的产品呢？这是让很多销售人员比较关心的事。

为了更好地推销产品，有些销售员将"顾客是上帝"这一信念抛之脑后，不惜采取坑蒙拐骗的方式，玩起一些歪门邪道的"游戏"。

霍尔默是美国享有名望的房地产巨商。

有一次，他承包的一项房地产买卖意外受阻，其原因是这块土地虽靠近火车站，有着交通便利的优势，但因它紧挨木材加工厂，有较大的噪音。开始几次的业务洽谈中，霍尔默将这块土地的劣势瞒住，但最后均被买方了解到而致使洽谈失败。

后来，霍尔默先生一改原先的工作方法。在找到了一位想购买地皮的顾客后，他首先就实事求是地告诉顾客："这块土地处于交通便利地段，比起附近的土地，价钱便宜得多了。当然，这块土地之所以没有高价卖出，是因为它紧挨着一家木材加工厂，噪音较大。"

见顾客沉默不语，霍尔默先生又说："如果您能容忍噪音，那么它的交通地理条件、价格标准，均与您的要求相符合，确实是您理想的地皮。"

不仅如此，霍尔默还亲自带领该顾客到现场实地考察。考察完后，该顾客非常满意。他对霍尔默先生说："上次您对我特别提到的噪音问题，我还以为很严重。通过考察后，我发现那种噪音对我来说不算什么问题。"

端正的推销作风，是每一位推销人员推销的基本原则。要想在激烈的商战中立于不败之地，端正的推销作风无疑是最好的武器。

面对任何一位客户，推销员都不能采用"坑蒙拐骗"的推销之术，而是要将自己推销的商品的优点和缺点如实告知，这样才能获得顾客的赞许和信任。

第六天　好的开场白是关键

寒暄的重要意义

日常生活中，人们往往会强调第一印象，很多人认为第一印象很重要，它对人们能否继续交往下去起到很关键的作用。对于推销员来说，与客户初次见面就是要面临的第一道难关。通常，第一次见面，就有可能决定了你的成功与否。

第一，寒暄影响第一印象。寒暄是推销员外出推销时，与客户沟通的一种最常用的交流方式。若推销员给他人的印象是不好的，即使努力说明商品优点，对方也会因心生厌恶而充耳不闻。如此一来，根本不可能把商品推销出去。努力创造良好的第一印象，其后的说明与推销才能顺利展开。恰当的寒暄可以解除客户对推销员的排斥，在推销过程中起着非常重要的作用。

第二，寒暄可消除客户的戒备心理。客户在面对陌生来访者的时候，一般会感到紧张和不安，更严重的会产生对抗情绪，这时候一定要设法消除对方的戒备心理。这时寒暄可以作为推销员的开场白。恰当的寒暄可以让客户消除戒备心理，最起码不会让对方认为你有"不轨企图"。

第三，寒暄是一种重要的礼仪。很多人认为，寒暄不过是双方见了面，说上一句"早安""午安"或"晚安"，分手之时说声"再会"，其实并非如此。在人与人之间的交往中，寒暄占极重要的地位。

第四，寒暄对推销员的情绪有重要影响。寒暄可以缓解推销员的紧张情绪，使之尽快镇静下来，进而对客户进行观察，然后想出最佳策略。

从上述意义可以看到，寒暄是展开推销工作的前奏。很多推销员之所以屡屡受挫，就是因为他们往往一拜访客户就开始推销，目的性过于强烈。因此，推销员要懂得，适度的寒暄可以有效促进销售工作的顺利展开。

寒暄时要注意

世上没有两片完全一样的叶子，人也一样，每个人都有各自的性格特点和喜好，和所有人都能聊得来并打成一片，并不是件容易的事。你要想在更多人中"吃得开"，一定要注意方法。

寒暄作为建立人际关系的基石，操作时一定要注意以下一些原则：

第一，恰当地称呼对方。称呼对方时要因人而异，最好称呼对方的职务。反复地称呼会增加亲切感，但并不是一开始便反复称呼，而是在交谈中适当地运用。

例如，"您好，张主任，我是……"

第二，有礼貌。与人首次见面，一定要礼貌性地寒暄一番，如此方能留给对方良好印象。也就是说，你必须表现得谦恭有礼，随时说声"早安""午安""晚安"。

第三，要清楚地介绍自己。介绍自己时，要说清楚自己的姓名、所在的单位、目前的职务，而且要特别强调自己的专业性。这样，一方面是让对方听清楚，另一方面也是郑重其事，以引起对方的重视。

第四，寒暄时要带着微笑。要知道，微笑在社交中能发挥极大的作用。无论在家里还是在办公室，甚至在途中，当遇见朋友时，只要你不吝啬微笑，就可能收到你意想不到的良好效果。所以有许多专业推销员，每天总要花个两三分钟的时间，面对镜子训练自己微笑，甚至将之视为每天的例行工作。

第五，要适时赞同对方的观点。一个人无论其年龄大小、地位高低，他都是一个注重自我的人，假如你能适时称赞对方所说的话，一定可以赢得对方的好感。这是因为你的附和、赞同，让你们在某一件事上达成了共识，让对方有种遇到了知音的感觉。那么，他在感觉自己被认可之后，自然会对你另眼相看。

当然，推销员要注意掌控时间，不能与对方寒暄太长时间。寒暄几句后，就要适当转换话题。如何转换话题、转换成什么样的话题，都要做到心里有数。只有如此，才能更好地发挥寒暄的作用。

充满关爱的开场白

成功的推销员，总是很注意自我介绍的方式，他们在向客户传达自己的意见，也向客户传达了一种关爱，他们会站在客户的立场上说话，适时表达赞美或认同，让客户产生共鸣，然后他们再说什么，客户都很愿意听。销售就是贩卖信赖感，为了使客户有耐心听你的叙述，向客户表达你的关心是不可或缺的条件。

你去拜访一位陌生客户，给你开门的或许是一位四十多岁的中年妇女，一看便知她整日不停地为家庭、孩子操心，这时你便可以在开场白中表示适度的关怀。

"您可真忙呀！有您这样的人持家，您的家人一定十分幸福！"

"您在为孩子忙碌吗？有您这样的妈妈，您的孩子一定有出息！"

"我知道您先生是一位事业成功、在业界有影响力的优秀人士。那句话说得没错，'每一个成功的男人背后都有一个伟大的女人'。您的贤惠、勤俭持家是他事业成功的基础，我代表所有的男同胞们向您致敬。"

或者，我们还可以通过恭维表示自己对客户的关爱，只是这样做时一定要自然和诚恳，否则就会让人觉得你油嘴滑舌。比如下面这位推销员就做得很好：

我上中学时，常用贵公司制造的收音机。那台收音机的品质极佳，我已经用了10年，从没发生过故障。真不愧是贵公司生产的，就是有品质保证。或许大家不知道，我现在仍使用贵公司20年前生产的扩音器。其间，我也买过好几次别的产品，但不是发生故障，就是音质不好，还是买贵公司的产品实惠。

这样谈话的气氛相当融洽，很容易让客户感到愉快，进而对你产生好感，并愿意亲近你，虽然这是恭维话，但因为它具体，所以就不肤浅。

能够让客户感受到你是真诚的，你在很诚恳地关心他，让他对你产生很好的印象，也是成功的第一步。

把客户的目光集中过来

在推销过程中，推销员会发现这样一种现象：尽管你说得很起劲儿，很精彩，但是客户好像一直处于游离状态，并没有将注意力集中到你身上。这时候，如果你无法短时间里用有效的办法集中客户的注意力，让他们将手中的事情放下，把目光转移到你身上，那么你很难继续工作。唯有当客户将所有注意力集中在推销员身上的时候，真正有效的销售过程才能开始。

美国有一个销售安全玻璃的业务员，他的业绩一直都是整个北美区域的第一名。在一次顶尖业务员的颁奖大会上，主持人问道："你用什么独特的方法来让你的业绩维持顶尖状态呢？"他说："每次我去拜访客户的时候，我的皮箱里面总是放了许多边长为15厘米的正方形的安全玻璃。我随身也带着一个铁锤子，每当我到客户那里后我会问他：'你相不相信安全玻璃？'当客户说不相信或根本不理我的时候，我就把玻璃放在他们面前，拿锤子往桌上一敲。每当这时候，许多客户都会因此而吓一跳，同时他们会发现玻璃真的没有碎裂。然后客户往往就会说：'天啊，真不敢相信。'这时候我问他们：'怎么样，订多少货呢？'然后直接进行签订协议的步骤，而整个过程花费的时间仅仅1分钟。"

听了他的故事，几乎所有销售安全玻璃的业务员出去拜访客户的时候，都会随身携带安全玻璃样品以及一个小锤子，和他一样又敲又打。

但又一次评比业绩的时候，他们发现这个业务员的业绩仍然保持第一名，就觉得很奇怪。于是有人又问他："我们现在已经做了同你一样的事情了，为什么你的业绩仍然能保持第一呢？"他笑一笑说："我的秘诀很简单，我知道当我说完这个点子之后，所有销售人员都会很快模仿。所以自那以后，我到客户那里就不会再自己砸玻璃了，而是把玻璃放在他们的桌上，问他们：'您相信安全玻璃吗？'当他们不理我或说不相信的时候，我把玻璃放到他们的面前，把锤子交给他们，让他们自己来砸这块玻璃。"

这也是一种行之有效的好办法，当语言无法引起客户的注意时，就让客户自己试验来证明产品是最好的，让客户自己说服自己来购买产品。总而言之，开场白可以千变万化，只要适当转换角度，就能让它成为集中客户注意力最好的办法。

培养一流的语言礼仪

语言礼仪对销售人员来说也很重要。一个人的学识、知识与教养如何，可以从他的语言中表现出来。一个不讲语言礼仪的销售人员，客户会对他产生疏远感，更不要说有兴趣去了解他的产品了。

语言礼仪应注意以下几个方面：

第一，注意礼貌用语。出于工作性质的需要，几乎每一个销售人员都要常把这些词挂在嘴边："您好""对不起""抱歉""打扰""原谅""请""谢谢"。一个推销员如果常把这些词挂在嘴边，那么无论他是否能够推销成功，起码他不至于被顾客认为没礼貌、没有修养。

布朗先生在一次去一家大型的服装公司推销产品的时候，发现总裁办公室的门虚掩着。当他推开总裁办公室的门的时候，发现门内几十双眼睛齐刷刷地看向他，其中有愤怒也有嘲弄。布朗先生看到这种情况，也为自己的鲁莽而感到抱歉，但他很快就镇静下来说："尊敬的先生们，很抱歉打扰诸位了，请原谅我的鲁莽。因为可能诸位在思考，所以外面听来没有任何声音，而门又虚掩着，所以我就冒昧地推门进来了，请原谅。我本应该敲门，但是我害怕会打断总裁先生的思路……"听了他说的话，总裁先生并没有生气，反而说："布朗先生，请原谅，恐怕你得等十几分钟，我们的会议因为特殊情况而延长了，抱歉的应该是我。"

布朗打断了客户的会议，但是他很快就恢复了镇静，并且礼貌地向与会人员做出了得体的解释。这样，不仅赢得了大家的理解与好感，连总裁先生都向他表达歉意。

第二，有魅力的谈吐。销售人员在与客户交谈时要时刻注意自己的语言礼仪，言谈举止要大方得体，要不卑不亢，给客户以亲切、舒适的感觉。

第三，有目的地倾听。倾听在语言礼仪中也很重要。在和客户沟通时，不要自己一味地说，也要注意倾听客户的意见，让他们说出自己的想法，这样便于更好地了解客户的需求，对于销售工作十分有益。要是双方交谈的问题较为复杂，倾听就显得更为重要了。

由此我们看出，讲究语言礼仪不仅是要注意说话的方式方法，还要懂得倾听。若想做个一流的推销员，拥有一流的语言礼仪是你该掌握的基本功。

第七天　电话推销你该知道的

电话推销的基本要素和基本步骤

电话是推销员常用的一种推销工具，而电话推销也是推销员和顾客打交道最简捷的途径之一。在电话推销时，由于推销员和顾客无法直接见面，因而推销员的口才就显得格外重要。同时，与语言表达相关的因素，就会逐渐显示出重要作用。具体讲，电话推销的基本要素有以下几点：

第一，平淡通俗的语言。电话推销一般要用平淡通俗的语言以激起顾客的购买欲望。相反，用生僻的语言，则会让顾客生疑而失去推销机会。

平实的语言能提高你的电话效率。无论是听还是说，最为重要的是你必须保持热情、令人愉悦的声调，让对方相信他是你关心的唯一焦点。作为听者，你应能意识到对方的音调变化。当你问"现在给你打电话合适吗"时，对方即使不愿意，也不可能一口回绝地说"不"，于是对方会勉强让话题进行下去。这时你必须仔细判断对方是怎样回复的：他是放松地参与交谈，还是心情纷乱、嫌麻烦地参与？

当你进行电话推销时，请给对方更多的选择余地。不要提让对方以"是"或"不是"回答的问题，而应让对方做出选择。

如："现在交谈对你是否方便？或是我下午3点再打过来？"而不要说："我等一会儿再打过来好吗？"如果另行约定时间通话，一定要说出具体的时间。如果对方选择重新安排通话时间，就一定要按时打电话。

第二，稍有控制的音调。与顾客打交道时，控制好自己的音调是必要的。你可以将平时的电话内容录下来，然后评估自己讲话的音调。

在用电话与顾客打了一段时间交道后，你可以用录音笔或其他工具将你在不同场合——与客户、与委托人、与同事、与朋友、与家庭成员的谈话录下来，以评估自己的音调。你可以站在听者的角度思考自己会做何反应。你也可以让朋友听一听，并谈谈感受，通过这样的方式来判断自己的评估结果是否正确。

电话推销应该注意的要素还有很多，上述两点作为基本要素应该被推销员所重视。只有将基本要素做好了，才能在此基础上有更好的发挥。

作为一种推销活动，电话推销是直接与口才挂钩的。一般来说，电话推销分为策划、倾听、推介、处理异议和成交五个步骤。不同的推销员，其利用电话推销的成功率有高有低，这与他们是否很好地掌握了电话推销的步骤有关。无论哪一个步骤，都是对推销员口才的一种考验。

第一，说明意图。说明你的身份和公司的名称，简单说明你打电话的用意。如果你记得对方的名字，应该直呼他的名字。这样会给客户留下良好的印象，因为这表明你的心中一直记着他，他也能感受到他在你心目中的地位。例如：

"早安，黄太太，我是××公司的××。从上次与您联络到现在，又过了好久了。"

在很多情况下，顾客都知道你打电话来的用意。此时，你可以不说话，暂停片刻，听对方说话，看他的反应如何。他或许会给你讲他最近的工作或生活情况，或者讲有关你推销产品的情况。

第二，询问与倾听。在对方讲得差不多的时候，如果有必要的话，你可以试着询问一些关键性的问题。询问的目的是为了证实自己对对方的判断，以探究他是否愿意买或不愿意买的原因。

第三，介绍与推荐。推销员在电话中要做到很快地悟出顾客的推介需要，以便采用不同的方式让顾客满意，从而让顾客做出购买决定。

第四，处理异议。推销员学会处理顾客异议，是维系顾客关系的重要前提。异议有很多种，只要你提前准备，就能坦然有效地处理这些异议。异议并不是人身攻击，你需要保持积极应对的态度，这对你的成功具有决定性的意义。如果你的客户表示异议，恰好证明他们在认真听你说。

对老客户进行电话推销有利也有弊：有利的一面是客户对推销员有一定的熟悉度，更容易建立起对新产品的信任，因而更容易选择购买；不利的一面是，客户在购买推销员一次产品后，由于种种原因，态度可能会变得消极。对于持消极态度的老客户，推销员不能听之任之，因为他们是自己费了好大工夫才开发出来的客户。因此，推销员与客户联系必须积极主动。

电话推销必须要准备充分，除对顾客有详细的了解外，对推销话语也应推敲再三，甚至要考虑到各种应变的策略。

准备打电话时，推销员要找一个相对舒适且较清静的地方，好让自己安静地去和顾客交流。打电话时，身边最好不要有旁人，而且要集中精神，尽量避免一切干扰。需要注意的是，每次连续工作的时间，千万不要超过两个小时，否则人一疲倦，声音听起来就显得呆板、没有生气，推销效果也会受到影响。同时，还要准备好一切要用的东西，例如记事簿、时间表、地图和笔等文具。

一般情况下，推销员向顾客打电话应注意如下问题：

1.叫出对方的名字。

2.介绍你的公司和你自己。一旦你要找的人接了电话，马上用热情友好的声调做自我介绍。

3.说明你的意图并提出第一个调查的问题。

在说明意图和提出问题之间不要停顿，要用愉快的声调说话，让人乐于和你对话。你提出第一个问题的目的是弄清楚他是否对你推销的产品感兴趣。例如：

"我正在做一次市场调查，只占用您一点点的时间。您是不是正在筹备一个订货会，您不介意告诉我吧？"

如果对方说"不介意"，这可是件大好事，否则你就要愉快地结束这通电话而去打另一通了。当然，在提这个问题时，你还要准备好下一个问题，以便让对方为你提供重要信息，以建立友好的联系。

除此以外，在电话推销前，推销员还要注意：

第一，要了解顾客的工作性质和时间。如果在对方不方便的时间给顾客打去电话，对方便会觉得你是在打扰他，就算有兴趣接受你的服务，也会拒绝。以下是某些职员的例子，让我们看看接触他们最适当的时间吧：

医生：上午11点以后和下午2点前，雨天最好。

公务员：工作时间内，切勿在午饭前或下班前。

会计师：切勿在月初或月末，最好是在月中接触。

银行家：上午10点前后或下午4点后。

律师：上午10点前或下午4点后。

行政人员：上午10点前后到下午3点。

股票行业的人：避免在开市后，最好是在收市后。

饮食业的人：避免在用餐时间，最好是下午3点到4点。

零售商：避免周末或周一，最好是下午2点到3点。

第二，要保持信心，不怕失败。

"很抱歉打扰您，再见。"你可能经常得这么说。被客户拒绝很正常，千万不要放在心上。你要相信，只是他不需要你的产品和服务而已，你还可以继续寻找下一个客户。所以，你要再接再厉、越挫越勇。

第三，目标要明确。设立一个成果目标，并且要切实可行。例如，你给自己定下这样一个目标：每天我要打100个顾客的电话。目标定下之后，你就要坚持不懈地去实施，直到达到目的为止。

电话推销的准备工作尤为重要，尤其是新手推销员更应做好打电话之前的准备，否则盲目拿起电话筒，只会让自己不断受挫。

通话必须注意的细节

打电话虽然不难，但有些方面仍然要注意。

某些单位，总机人员是第一个接听电话的人。你必须简短地做自我介绍，然后有礼貌地说出你要找的客户的名字，语气尽量坚定；接下来的接听者就有可能是你真正想要交谈的客户，而他们对于自己认为不必要的电话很可能会回绝。所以你必须在最短的时间内，用话语引起潜在客户的兴趣，要让对方感觉你要和他谈论的事情非常重要。

假如你打电话的目的是要和潜在客户约定会面的时间，那么可根据你对潜在客户的了解，对不一样的客户采用不同的拜访理由。注意不要在电话中谈论太多有关销售的内容，因为电话里不适合介绍任何复杂的产品，你无法从客户的表情、举止判断他的反应。而且通过电话作较详细的介绍，你很容易遭到拒绝。在达到你的约定面谈目的后，你应立刻结束电话交谈，准备下一次的拜访。

态度要热情。作为一个使用电话推销的人员，目的是给别人介绍一种好的产品，如果你自己没有因对产品满意而产生的感情，说话便会缺少诚恳。你想成功，就要通过说话的热情去感染对方。

不要冒犯对方。纵使对方再无礼，你也不能受此影响而生气，更不要在电话里对客户进行批评，尤其不要和客户发生争执，这样会制造对立。

不要随便开玩笑。对客户来说，你是个陌生人，所以不要与他开玩笑，因为有些人是开不得玩笑的，而且开玩笑会给对方留下不好的印象。不要在电话里口若悬河地演说，谈得太多是销售人员的大忌。

不要太过谦卑恭维。电话约访，也如同做生意一样正式，讲话要适宜得体，而太过于谦卑恭维会令对方觉得虚伪，反而会适得其反。

如果客户答应和你见面，你应该及时与对方敲定见面的时间和地点。在电话挂断之前，要对见面的时间和地点进行再次确认、核实。

电话找客户的过程中，碰钉子是在所难免的，因为并不是每个人都喜欢听你推销的。当对方说"不"的时候，你要微笑着感谢，然后轻轻挂上电话；当对方直接挂断电话的时候，你一定要保持镇静，不要影响你寻找下一个客户。

在电话推销的过程中，沟通的作用至关重要，因此，推销员必须要掌握与客户电话交流的技巧与艺术。

下面是电话交流技巧的一个范例。

总机人员：您好，请问您找哪一位？

销售人员：您好，麻烦您接总务部肖部长。

总务部秘书：请问您是？

销售人员：我是方远公司业务主管王新，我要和肖部长讨论有关提高文书归档效率的事情。(销售人员王新用较权威的理由——提高文书归档效率，让秘书很快地将电话转给了肖部长。)

肖部长：你好。

销售人员：肖部长，您好，我是方远公司业务主管王新，我们公司是文书归档处理的专业厂商，我们开发出一项产品，能让贵部门的所有人在10秒钟内找出档案内的任何资料，可以大幅度地提高贵部门的工作效率。

王新以"总务部的所有人都能在10秒钟内找出档案内的任何资料"，来引起肖部长的兴趣。

肖部长：10秒钟，似乎很快嘛！

销售人员：肖部长，不知道您下星期二或星期三哪一天有时间，我愿意当面向您展示这项产品。

肖部长：那就下星期三下午两点好了。

销售人员：谢谢肖部长，下星期三下午两点我会准时拜访您。

销售人员王新虽然感觉出肖部长的"10秒钟，似乎很快嘛"是抱着一种怀疑的态度，然而，他清楚今天打电话的主要目的是约定和肖部长会面的时间，因此并没有多做解释，而是立刻提出约定拜访的时间，然后迅速结束谈话。从这点可以看出，他是深谙电话交流艺术的。

电销的开场话术要精彩

通常来说，公司都会对一些新进人员进行一些电话交谈礼仪方面的训练。从某些方面来说，电话交谈的困难度确实比面对面交谈大得多。你的声音和话语通过电话传到对方的耳中，很可能不经意间就会影响到对方的情绪。尽管面对面的交谈也可能发生这种状况，但是两者的不同之处在于：在面对面谈话时，可以直接观察到对方的脸部表情，判断出他的情绪变化；而在电话交谈时，对方的情绪可能已经发生了变化，而在电话另一端的你却不一定能察觉出来。

为了给对方留下积极的印象，接听电话之前必须注意控制好语气、音量和说话的速度，最好是中等速度、清晰的语句及中等音量；按照你的职业习惯表达的第一句话，应该是以积极、热情、乐于助人的态度一气呵成。

当你拿起电话接听之前，首先要对自己的情绪进行调整，切忌直接大喊："喂！你找谁？"对方一定会觉得："这家公司的员工也太没有素质了？"一个拥有上百位员工的公司里，如果有一位员工因情绪不稳而对客户说出不礼貌的语言，就有可能导致客户对公司整体印象不好。

所以，不管工作多么忙碌，接电话之前必须先松一口气，然后再用柔和而清晰的声音告诉对方："您好，这里是××公司，请问您……"假如对方是自己熟悉的人，你可以说："原来是您啊！最近怎么样？"然后，再根据彼此的交情程度，进行不同的谈话。如果是自己不熟悉的人，切忌一味地询问对方："你叫什么名字？""你是哪个单位的？""你找他是公事还是私事？"这样盛气凌人的态度不仅不礼貌，而且容易给人一种被审问的感觉。

电话推销要想达到一定的效果，就需要在电话接通的瞬间将自己需要客户知道的信息传达完整。而要想传达完整，可能需要客户有耐心地听你说上两分钟或三分钟的话。电话推销的业务员都清楚，要做到让每个陌生客户能在电话中听你完整地说完你想说的，通常情况下并不容易。这就需要我们在电话一接通时，用精彩的话术来吸引客户。

很多业务员在客户接通电话时，第一句话都会做自我介绍："我是××公司的××，我们公司主要是做××产品的……"当客户听到你这样的开场白时，好一些的会说"对不起，我不需要"，而有的则会直接将电话挂断。

经历这样的事多了，推销员心里就会有一种挫败感，甚至怀疑自己是否适合做电话推销。其实，有这种挫败感很正常，有怀疑也很正常。笔者可以这样讲，如果你一直以类似的开场话术打电话，那么你确实不适合做电话推销。

虽然电话推销主要是通过打若干电话来获得那一两个意向客户，但真正优秀的推销员会做得很聪明。他们通常会在事前对意向客户做基本的调查了解，然后结合自己公司的产品，有目的性地进行提问，而不是在电话接通时就自报家门。如下面这段对话：

"你好，请问是××公司的××先生吗？"

"是。"

"我想问下你们公司的××产品最近还有货吗？"

"有啊。"

"该产品主要有哪些特点？……"

若以这样的方式开场，对方一定不会在第一时间挂断你的电话，然后你可以在适当的时候将话题转到你要销售的产品上。当然，因为每个人以及每一样产品的情况不同，所以具体选择的方式也不同，希望本文能起到抛砖引玉的作用。切记，开场话术以提问的方式关心客户及其产品，比你自己独白要好得多。

随着社会竞争的加剧和生活节奏的加快，时间也就显得越来越宝贵。所以说，尽量控制时间，是和客户进行电话交谈时的重要原则。那么，具体该怎样控制电话时间呢？这需要一定的技巧，尤其是在电话当中进行自我介绍时，最好简单明了，但要将自己的情况介绍清楚，时长以不超过一分钟为宜。要想做到这一点，就要做好打电话前的准备工作。

打电话最好在3分钟以内完成。根据事先列出的要点，拨通电话后做简单的问候就进入正题，说的时候要简明扼要。

当你主动打电话时，应尽量控制通话时间，不要占用客户过长时间。特别是你打电话需要对方用一段时间去考虑或查找相关资料，或对方需要时间去向上一级报告时，应考虑给对方一个时间，以免影响对方的工作进度及工作情绪。

有的人不顾对方是否愿意继续接听此电话，只管自己说得高兴，每每都是对方已经不耐烦了，他还说得天花乱坠一样没完没了。因此，推销员应该养成一种习惯，在解释和讨论完所有的问题要点后，提醒自己适时结束通话。

电话中增加亲和力

不管生活中还是工作中，我们都要留心与别人的对话，也就是所谓的听话听音。只有如此，你才能真正了解对方的意思。下面是一位电话销售员与客户的通话：

客户："我还有一个疑问，听人家说……"

销售员："我明白了，您是担心我们产品的质量吧。我跟您讲……"销售员越说心里越慌，因为最近公司的部分产品确实出了些质量问题，已经有不少客户打来电话投诉，所以误以为这个客户一定也是咨询这个问题。

客户感到一头雾水，说："不是啊，我是想问怎样付款才行。怎么？难道你们产品有问题吗？你说清楚……"

结果，客户取消了订单。

这里面的关键词是"担心"。有经验的销售人员并不会直接讲"您放心，我们的售后服务没有问题"等这样的话，而是会问"是什么使您产生这种担心呢？"或"您为什么会有这种担心呢？"或"您担心什么呢？"

抓住关键词就能帮助销售人员抓住核心，找到顾客的需求点。如何分析顾客的需求点呢？就是要注意倾听顾客语言中的某些字眼。比如："我希望……""关键是……""最重要的是……""我所关注的是……"

我们前面提到的"听话听音"。什么是"音"？"音"就是对方所表达的真实意图。而任何句型的话语，都是由词语构成的。关键词就是一句话中充分表达意思的词。但是，关键词并没有确定的位置，也不一定是主要词语，你可能因为它不突出而忽略它，但许多重要的、对你有用的信息却都包含在里面，所以你要在推销中敏锐地把握关键词。

在人与人的交往中，亲和力非常重要，尤其对于一个以开发客户为主的业务员来说。那么，在不能与客户面谈时，怎样在电话中表现亲和力则是业务员需要思考的问题。

有的业务员虽然长相普通，但拥有一副动听迷人的嗓音，这在其电话推销中会起到至关重要的作用。但是，更多的业务员在进行电话推销时，往往不注意增加自己语言的亲和力，导致沟通难以顺畅进行。

因此，我们常常会遇到这样的业务员：电话接通后，他们语速较快、声音激动，只想让客户尽快了解自己的东西。一长串的介绍后，客户不仅没听懂，甚至早已不耐烦了。还有的业务员尽管语速适中，但声音生硬，让电话那头的人感受到了其生冷的表情。

这样的做法是不可取的。我们必须清楚，在电话推销中，靠精彩的开场吸引客户听下去后，接下来必须要给人以亲和力，这样才让人容易相信你并乐意听你讲话。

电话中增加亲和力的方法有很多，如对前面课程中讲到的一些基本要素、注意细节等要多加练习，只有将前面提到的技巧与要领完全掌握并熟练运用并发挥自如时，你进行电话推销时才会自然而然地表现出一定的亲和力。

电话推销是通过声音来塑造自己的形象，目的是使客户在听到你的声音后，得到你真的能帮助他的结论。很多时候，你需要将你的表情、肢体语言通过声音传递给对方。电话推销过程中，顾客对你的印象如何，你的声音具有非常重要的作用。因此，不管面对什么样的客户，你都需要全身心投入进去。

打电话的时候也要注意一些小技巧，这些小技巧会提升你的形象。比如让你的声音抑扬顿挫，或者是通过声音表现你的热情与自信。温和、友好、坦诚的声音能使客户放松，增强信任感，减少沟通屏障；还要注意用不快不慢的语速、不大不小的音量、不高不低的声调；等等。如果你达不到这样的标准，就应该练习再练习，直到达到自己的要求。

平时在训练口才时，要注意说话的音质。有一个其貌不扬的推销员，她的推销业绩非常好，靠的就是她甜甜的声音，尤其在电话里，她的声音征服了很多顾客。

一般来说，你在电话中可以用于打动潜在客户的时间只有 15 秒。在这 15 秒中，对方会判断你的电话是否值得中断手头正在做的事情听下去。因此，电话推销要开门见山，直接谈自己的目的，繁琐无用的客套只会给自己和对方平添麻烦。

另外，作为推销员，对自己的音质也要注意，要学会根据场合的不同来调整噪音。大部分人在与亲戚朋友交流时，声音听起来比较明快、轻松，语气显得非常亲密；而严肃、生气时，声音则显得比较粗，噪音也比平时高。所以，面对客户时，要调整自己噪音。

如何应对电话中的顾客

销售员打电话的对象，有的是第一次通话，有的是打过几次电话却始终没有进展的，还有的是一直拒绝你的客户。那么，应该怎样从容应对电话中的顾客呢？

1. 客户说"不"时

面对这样的情形，你需要考虑：是否可以在你的销售单子上抹掉这名客户；或者设计出一个战略来进行跟进，其目标是要培养人际关系，以便在将来找机会再做业务。当你决定把没有效益的客户保留在自己的客户库中的时候，有一点是需要引起注意的：这些名单会让你感觉好一点，然而他们将花费你大量的时间和精力。你应该考虑一下在新的客户身上所花的时间和精力，并拿来与保留这批客户所花的时间和精力进行对比。

可以做这么一个比较：你过去把说"不"的客户最终变成说"行"的客户的成功率有多大？如果花同样多的时间和精力在新的客户身上，这个概率有多大？有了答案之后，你就可以做决定了。

2.客户说"行"时

恭喜你，做得不错！客户说"行"总是会让人产生好的感觉，因为这是一个积极的判断，说明你这个人还不错。其次，他认可了你所提议的东西的价值，并帮助你树立了一定的信心，让你使用这种办法去尝试联系别的客户。请记住这个法则：假如事情有可能出错，那么它总在等候着打击没有准备好的人。

应该与交货链上的关键人物保持接触，提醒他们注意所有不同、不寻常或者在本例中属于极其重要的事项。如果条件允许的话，应该安排接收反馈等事情，这样一来，你就会明白是否已经办好要求做到的事情。

应该与新客户建立一个随时打电话联系的制度，你可以在第一次打电话的时候就告诉他，你会寻找一些对他们开拓业务有用的信息或点子，为以后的联系埋下伏笔。

电话推销应注意的问题

面对面交流，即便讲得不好也没有太大影响，因为还可以用态度和表情来弥补。打电话则不同，凭借的只有声音，对方听下来假如感觉不好就会不高兴，甚至误解讲话人的人品。这类事情在日常生活中经常发生。如果人品也被客户怀疑，可就不得了。因此，推销人员必须学会打电话和接电话的技巧，以避免上述事件发生。

首先要知道自己打电话时的音质。从电话里出来的声音和平时说话声不太一样，有银铃般的声音，柔和的声音，悦耳动听的声音，冷冰冰的声音，模糊不清的声音，等等。

你打电话时是一种什么声音呢？请用录音机录下来听一听，问一问家里的人和朋友。

另外，刚开始接电话时，态度冷冰冰的，当知道对方的名字时马上热情起来，这样会使人觉得没有礼貌。

打电话时，原则上对方一接起电话自己就应马上自我介绍，如果慢腾腾地等对方问"您是谁呀？"那就不好了。给客户打电话，对总机话务员或其他人也要礼貌，尊重对方。

如果要说的话很多，要首先问一下："我想占用您一点宝贵的时间，您方便吗？"得到对方的同意之后再继续说，因为对方很可能正在开会或接待客人。

和平时面对面说话相比，打电话时要倾注更多的感情。有的人打电话总是嬉皮笑脸，或者一面说"谢谢"，一面东一句西一句地说一些扫兴的话，这都是不好的表现。

不能和对方在电话里争吵。由于无法看见对方的表情，在许多情况下与对方争吵只会使事情恶化。假如有些麻烦事，即便和对方说尽好听的话也解决不了的话，那就赶快到对方那里进行面谈。

第八天　口才因人而异

语言的分寸

卡耐基说："交易的成功，是口才的产物。可以说，推销的实质就是说服，而说服的方式包括幽默的沟通。"幽默能使你豁达超脱，使你充满活力；幽默能使你具有影响力，使你打破僵局，摆脱困境；幽默是润滑剂，也是优秀推销员的必备技能之一。假如你懂得幽默但却总是掌握不好幽默的分寸，在不该开玩笑的时候开玩笑，就很可能得罪顾客，甚至丢掉即将谈成的生意。

在你打算轻松幽默一番之前，最好先认真地分析你的产品和你的客户，否则很容易适得其反。因为幽默对有些人来说根本不起作用，努力只是白费。

有一个非常敬业的空姐，偶然说起她第一次上机的趣事：她在她服务的机舱里看到一对年轻夫妻抱着一个婴儿，于是忙过去问有什么需要帮忙的。年轻的夫妻摇摇头，那婴儿也乖乖地睁着眼睛看着她。一看没有什么可做的，她觉得有些遗憾。这时，她忽然发现对方抱的是一个玩具娃娃，便灵机一动，半装傻半开玩笑道："宝宝真可爱！一会儿需要喂奶时，尽管叫我。"

年轻的爸爸一下子就笑了，接着那妈妈也笑了，"小婴儿"更是格格地笑个不停，周围的人知道后也是开心不已。机舱里的气氛一下子活跃了起来，大家争着抱玩具娃娃，夸玩具娃娃做得太逼真。

由于民族习俗等因素的不同，相同的幽默在不同国家和地方很可能起到截然不同的作用。因此，开玩笑不能过头，除了保证内容要健康、态度要和善外，同时行为不能过度。例如，一些地方的风俗习惯和顾客的生理缺陷都不能拿来开玩笑。

对待寡言型的顾客

与喋喋不休的顾客不同，沉默寡言的顾客老成持重，虽然他们也可能在认真倾听推销员的宣传劝说之词，但是反应冷淡，更不愿意随便说出自己的想法及内心感受和具体评价，往往让推销员感到难以琢磨。

有时顾客沉默寡言的原因是他不喜欢推销员或推销的商品，他们对推销员或产品主观印象欠佳就闭口不理。对待这种顾客，推销员要表现出诚实和稳重，特别注意谈话的态度、方式和表情，争取给对方留下良好的印象，以提高自己在顾客心目中的美誉度；还要及时解答顾客心中的疑问，了解和把握对方的心理状态，以确保双方面谈过程不至于冷场和中断破裂。

顾客沉默寡言有两个原因：其一，惧怕推销者的"嗅觉"。他知道推销员这一类人的感觉十分敏锐，善于察言观色以洞察顾客的想法，然后再引着顾客跟他上一条"船"。所以他担心自己的想法会被推销员察觉到。他认为最有效、最直接的方法就是闭口不言，这样推销员就没办法知道他心里想什么，也就不可能让自己被推销员牵着鼻子走路。其二，对自己的"抵抗力"缺乏信心。他认为自己根本不是推销员的对手，在交谈中会被对方引诱利用，没有反驳对方的能力，只有被说服的份儿，因此觉得还是不说话比较保险。

当你遇到这类客户时，你必须要仔细观察对方，通过他的表情态度以及拒绝你的理由来分析判断，选择适当的方式出击。

对"当时的心境以不说为妙"类的客户，你可以找个能让他开口的话题或找一个能使他产生"同病相怜"的感觉的话题。对沉默寡言的客户，你不要给他一种你"能言善辩"的感觉，也不要谈生意场上的事或你的推销经历，以免让他觉得你这人"不安全"或"不靠谱"，而要使他感觉能够在与你的交易中把握自己，对自己充满信心。总之，你要有针对性。

对待爱钻牛角尖的顾客

在推销过程中，推销员如果撞上爱钻牛角尖的客户，的确是一件麻烦的事情。这类顾客的问题可能比较单纯，也可能比较挑剔。

有的顾客对任何人都没有偏见，不管面对哪一种人，都能够很有礼貌、非常耐心。对于推销员的话，他们总是一副洗耳恭听、从不插嘴的样子。这种顾客比较拘泥于礼貌形式，不过他们有时表现得很爱钻牛角尖，固执地提出问题并一定要得到答案。

这类顾客对于强硬态度或逼迫态度比较反感，他们从不吃这一套，你让他向东，他偏向西，偏要与这些态度强硬的人作对，不给他们好脸看。这类顾客也不喜欢别人拍马屁奉承他们，所以不要刻意讨他们喜欢，只要表现出你的热情、真诚，就可以把他们吸引住，要诚心以待，要彬彬有礼，并对自己的商品充满自信，要详细说明商品的优点，这样他们也就不会说什么了。

推销员在推销过程中，大局必须把握好，整个推销过程的进度必须控制有度。在推销的过程中，有的顾客可能会一句一句地问个没完，有时候一个问题甚至翻来覆去地问好多遍。推销员在面对这些顾客时，一定要做到耐心且自信。

对待爱夸夸其谈的顾客

有些顾客自以为自己什么都懂，喜欢夸夸其谈、胡乱吹牛，往往别人还没表达自己的观点，他就打断人家表示自己知道。这些顾客在言语中常常炫耀自己，对推销员总是这样说："你们这些业务，我清楚得很。""你们公司的马总经理是我的老朋友呢。""你们这些推销员我以前见得多了，他们一个个被我说得哑口无言。"他们总是不停地炫耀，让推销员难以进行自己的推销工作。

由于这类顾客比较善于表现自己，你就必须在与他交谈时，尽量显示自己的专业性，使他对你产生敬佩感，使他服你，这样他就会对你产生信任，以提升交易成功率。

对于虚荣型顾客的吹嘘，即使你早已看出也必须假装糊涂地附和一阵："你戴上它好漂亮啊！""它跟你真配呀！"甚至奉承他道："你真会买东西啊！"

为了避免画蛇添足，推销员在对顾客进行夸赞和"奉承"顾客的时候，千万不能说错话。例如说"楼上的王太太买的那件，比你这件不知道漂亮多少呢"之类的话，因为容易引起对方的反感。你不妨对她说："那王太太可是花了3倍的价钱才买到这件物品呢！"以此来激发她的购买欲。假如事情并不像想象的那样顺利，也不要急于告退。听她再当场吹嘘几句，充分地满足其自尊心，让她的心情愉悦起来。即使当时生意没做成，也可能为以后的合作作了铺垫。

对待冷漠型的顾客

在推销过程中，推销员经常遇到冷漠的顾客。这种类型的顾客出于理性、冷静或者是将自己看得比较重要的缘故，往往在与推销员的交谈中，表现得有些不近情理。

这种类型的顾客在和别人交流的时候，有时不太礼貌，甚至带着几分傲慢："我买不买，都没什么关系。"他满脸不屑，不时佯装看看手表，在与销售人员的谈话中表现出一副心不在焉的样子。这类顾客常常是表面上故意装出不在乎这个商品的表情，其实他心里是十分关注的。在推销员的介绍谈话当中，他不时会看看产品或者自以为抓住了产品的什么弱点。不过，一般而言，他不会大声说出自己的相反意见，而是要等到积少成多才表示出来。

推销员与冷漠型顾客打交道，就得多付出一些时间，要经常联络，慢慢地拉近彼此间的距离。

除保持联络外，推销员在与对方交谈时也要时时注意态度亲切，要做到没有掩饰感，让对方认为你是在真正和他倾心交谈。时间一久，他就会将你纳入他那为数极少的知心伙伴行列，自然就不会再对你冷漠了。

当然，交谈时态度太亲密也不行，这样容易让他认为你是在故意套近乎，"肯定是想让我受骗"。要尽力营造一种适度亲切的气氛，然后条理清楚地向他介绍你的产品。当他真正对你充满信任的时候，就有可能一下子买你较多产品，因为他只跟极少数的推销员交流。

第九天　销售心理（一）

细致观察，知己知彼

好的销售员都懂得先观察后推销的道理。往往因为这一点，他们的销售业绩总要比别人高出很多。就如下面这位营业员一样：

一位文质彬彬的先生带着他的儿子到商场买棒球衣。热情的营业员见他们来到柜台前，不等他们开口，就笑着迎上去说："您是想买一套棒球衣吧？"

先生很奇怪，他点了点头，问："你怎么知道啊？"

营业员笑着解释说："你一进来，就一直盯着我们体育专柜的棒球衣，而且，你手中还拿着棒球呢。"

营业员这么一说，先生和他儿子都挺高兴，就挑选了一套球衣，并准备付款。

营业员又适时地说了一句："这是和棒球衣配套的汗衫及长袜，您儿子穿上去一定特别好看。"

经营业员一提示，先生拿起汗衫、长袜在孩子身上一比划，觉得多买些凑成一套还真不错，于是就买下了汗衫、长袜，甚至还配了一双球鞋。

汗衫与长袜已经是营业员的额外收获了，这时营业员若缄口不言，包装完毕交付给顾客，生意也算成交，应该可以说是比较圆满了。

由此可见，这位营业员的确是一位销售高手。试想一下，如果她不问也不开口，不肯多讲一句话，说不定这父子俩匆匆选套球衣就走了，甚至没有发现中意的球衣就径直离开体育服装专柜。而营业员热情洋溢地"看人下菜碟"，问明顾客需要什么，又顺便介绍其他商品，并且询问小顾客还缺什么东西，在顾客完成原定购买计划后又增加三项收获：汗衫、长裤和球鞋。

更为高明的是，营业员自始至终都没有在言语中出现"先生，买这个吧……""先生，我建议你……""先生，你应该再买……"这样的字眼，真是让人佩服。

细致观察是了解消费者的第一步，尤其对现场销售员来说，因为顾客的流动性很大，销售员也不太可能在事前就对顾客有所了解。所以这就需要销售员增强自己的现场观察与分析能力，以做到精准的"看人下菜碟"。

清楚顾客购买的影响因素

个人特性、自身心理、社会和文化等都是影响客户购买行为的主要因素。分析这些因素，可以帮助推销员对客户行为有正确的了解，然后有针对性地展开市场营销活动。

第一，客户个人特性的影响。不同的人，拥有的个人特性也是不同的，由性别、个性、年龄、受教育程度、职业及自身经济状况等方面表现出来。

老年顾客和年轻顾客的兴趣、爱好等是不一样的，这也使得他们的购买行为有所不同。例如，在做决策时，老年人会显得比较谨慎，而年轻人则比较冲动；老年人会对保健品进行消费，而年轻人则倾向于购买时装和一些文体用品。

性别、教育程度和职业对购买行为的影响也是显而易见的。不难理解，男性顾客购买商品迅速而果断，女性顾客则往往挑选几遍；一般来说，教育程度高的人购买较理性，审美力强，反之则较次。

第二，客户个人心理因素的影响。美国著名的心理学家马斯洛根据个人需求的重要性和满足的先后顺序，提出了需要层次理论。这种理论认为，人类的需要依重要性可分为五个层次：

①生理需要，即吃饭、喝水、睡眠、取暖等基本的生存需要。

②安全需要，即保护人身、财产安全和防备失业的需要。

③社交需要，即希望被群体接受从而有所归属和获得爱情的需要。

④尊重需要，指实现自尊，赢得好评、赏识，获得承认、地位的需要。

⑤自我实现需要，即充分发挥个人能力，实现理想和抱

负，取得成就的需要。

这些需要具有层次性，层次越低，越不可缺少，因而越重要。推销员可据此来分析顾客的购买需求。

第三，家庭因素的影响。对家庭的分析可从两个层面进行，一是家庭生命周期，二是家庭角色。家庭生命周期是指顾客从年轻时离开父母独立生活，到年老后并入子女家庭或独居至去世的家庭生活过程。

第四，文化素质的影响。文化可以影响人的购买欲望和购买行为。身处的环境不同，其信仰、价值观、生活态度、习俗等很多方面就会有比较大的差距。在购买商品的时候，顾客总会选择一些自己熟悉的、有意义的产品，而会拒绝那些不了解的、无意义的产品。

销售员要清楚掌握这些影响客户购买的因素，之后根据自己客户的具体情况，制订适合他们的推销方式，这样才能有效提高自己的成交率。

记录好与客户的交流信息

乔·吉拉德曾经说过，销售员应该记录每天的访问工作，这可以帮助自己日后的工作。

1952 年，齐藤竹之助刚刚进入日本朝日生命保险公司工作，然而在 1965 年，他就创造了在签订保险合同方面最高的世界纪录。在他的一生中，共完成了5000份保险合同，最终成为日本首席推销员。其推销总金额为12.26亿日元之多。他还以亚洲代表的身份，连续4年参与美国百万圆桌会议，该协会还认定他为百万圆桌俱乐部的终身会员。

那么，齐藤竹之助是如何做到这一切的呢？

他说："无论在什么时候，我都在口袋里装着记录用的纸和笔。在打电话、商谈、听讲或是读书时，身边备有记录用纸，使用起来也是很方便的。一边打电话，一边可以把对方说的重要的话记录下来。"

齐藤竹之助在自己家中到处放置了记录用纸，包括电视机前、床头、厕所等地方，使自己无论在何时何处，只要脑海里浮现出好主意、好计划，就能立刻把它记下来。

乔·吉拉德也指出：当推销人员访问了一个客户后，应记下他们的姓名、地址、电话号码等，并整理成档案，予以保存，同时对于自己工作中的优点与不足，也应该详细地进行整理。这样每天坚持下去，在以后的推销过程中就会避免许多令人难堪的场面。拿记住别人的姓名这一点来说，如果推销人员可以记住客户的名字，并且轻而易举地叫出，就相当于给了对方一个巧妙而有效的赞美。

这种记录还可以集中你的思维，把心思专注到商品交易中。如此一来，一些没必要的烦恼就会被抛出脑海。此外，这种记录工作还能使你推销方面的专业知识水平得到提高。

乔·吉拉德说："客户访问记录内容应该包括客户感兴

趣的问题以及客户提出的一些反对意见。通过这些记录，才能使自己的谈话前后保持一致，以方便以后的拜访工作更加顺利地进行。"

明确顾客的兴趣所在

购买兴趣，简而言之，就是顾客对发生的事情产生了好奇，或者是产生了"对我也有用"的想法。在推销员的推销中，产生的诸如好奇、偏好、期待或者喜爱的情绪，都能被称之为兴趣。这说明顾客对商品已经给予了肯定的评价。顾客的兴趣是推销员在与客户交流沟通时所应注意的，了解顾客的兴趣是了解和确定客户想法的一个有效途径，并且直接决定了推销的成败，因为让客户产生购买兴趣在整个推销过程中起着至关重要的作用。

那么，顾客的兴趣究竟来自何处呢？

从大量推销实践来看，顾客的兴趣主要来源于商品的特性。从顾客的角度来看，这些特性能给他带来一定的好处和利益。

推销员都知道：顾客之所以购买某种商品或接受某种服务，并非是因为他对它们有什么特殊的偏爱，而是在寻求购买了这些商品后将给他带来的那些利益。正是深知这一奥秘，某位制造商才常常谆谆告诫其手下的推销员："我们每年能卖出 100 万台 1/4 英寸的钻孔机，但你们在平时的工作中一定要牢记，客户并不是需要 1/4 英寸的钻孔机，而是需要 1/4 英寸的钻孔。"同样，人们购买保险是因为他们相信这样做可以为自己的家庭与亲人提供财务安全保障。

通常，使顾客产生兴趣的商品特性大体有以下几种：美观大方；经济实惠；新、奇、特（时髦）；教育性；安全保险；娱乐性；紧俏。

当然，与商品相辅助的良好的配套服务，也能让顾客兴致勃勃，比如对家电产品"终身保修"等。既然如此，为了尽快引起顾客的兴趣，最开始的时候推销员就应该对顾客介绍产品的优点。

需要记住的是，当顾客心中还有疑虑的时候，推销员不能强迫顾客尽早下结论。推销员应该扮演一个解说员的身份，或者通过其他的办法进行示范，以使顾客发自内心地产生兴趣。

通过兴趣接近了解客户

对潜在客户的兴趣和爱好有所了解，不仅可以对潜在客户富有针对性地推销自己的商品，投其所好，还能在与潜在客户交流时找到更多的共同话题，使谈话气氛保持融洽，并且避免了冒犯潜在客户的可能。

有个销售员得到消息，他接触的潜在客户某厂长十分喜欢书法，于是，该销售员决定从他的这个爱好入手开始推销。

当这位销售员第一次走进厂长办公室时，首先发现墙上挂着几幅装裱精美的书法作品，而厂长正在小心翼翼地拂去其中一幅书法作品上的灰尘。见此情景，他走上前去对厂长说："厂长，看来您对书法一定很有研究。唔，这幅篆书写得好，称得上'送脚如游鱼得水，舞笔如景山兴云'，妙！看这里悬针、垂露之法的用笔，就具有多样化的变化美。好！好极了！"

厂长一听此人谈吐不俗，连忙热情地招呼说："请坐，请坐下细谈。"

这样，厂长已把这位"书法同好"视为"知音"了，当后来销售员引入业务之事时，自然就"好说"多了。

还有一位销售员到一家公司去推销复印机，费了好大的劲儿才见到经理。但经理爱答不理地说道："我们暂时不需要复印机，谢谢你。"说完他就埋着头摆弄着手里的鱼竿。

这位销售员看了一眼鱼竿上前说道："王经理，这是富士竿吧？"

"是啊，我新买的。怎么，你也懂钓鱼？"

"钓过。"

"钓鱼可有学问，不是谁都能掌握的。你说说看，钓鱼有哪些技巧？"

之后俩人越谈越近，经理好像遇到了知音，这位销售员也在双方的交谈中促成了生意。

从客户的兴趣爱好入手，就更容易和客户进行交流，而且还能迅速地成为朋友。就算你们之间的兴趣不完全一样，你也能和他谈一些他感兴趣的话题。

第十天 销售心理（二）

怎么让顾客相信你

在这个世界上，资源到处都有，主要还是看你如何去利用它们。我们应该充分地利用手中的资源，借助外部力量，成就自己的一番事业。曹操挟天子以令诸侯，发展壮大自己的势力；刘备借荆州安顿军队百姓，徐图发展，致有三分天下。所以，我们可以利用自身环境的优势，借用他人的智慧、力量、名声、信用、钱财以及物品等来发展自己。

邦德逊创办了一家化妆品公司，创办初期公司只有3名员工，总资产不过500美元。按照化妆品市场的一般规律，它是很难有出头之日的。然而出乎人们意料的是，短短几年工夫，它便取代了当时最有名气的佛雷公司，成为全美化妆品行业中的"大哥大"。

他们采用的方法就是"借力"。

邦德逊生产了一种粉质化妆膏，然后在媒体上打出这样的广告："当你用佛雷公司的产品化妆之后，再擦上一层邦德逊的粉质化妆膏，将会收到意想不到的效果。"开始，有人对这一做法颇为不解——这不是拿自己的钱给别人做广告吗？但很快大家就明白了，就像一个普通市民和总统站在一起一样，人们在认出总统的同时，也一定会好奇地打听：站在总统旁边的那个人是干什么的呀？事实果然如此。大多数消费者在看到这条广告之后，只要购买佛雷产品，就必然要同时选购邦德逊公司生产的产品。佛雷公司的信誉成了邦德逊产品的质量担保。

这是一个很好的靠"借"让自己取信于民的案例。对于销售人员来说，也是这样的道理。怎么才能让客户相信你呢？这就要求你开动自己的脑筋，把自己或者产品送上"巧借"来的东风，先让客户对你产生信任感。当然，为了防止"走火"，我们应该先脚踏实地，多积累一些资源，不能指望着空手套白狼。

善于寻找语言的突破口

虽然谈判的前提是满足双方的某一些需求，但是，不管是哪一方，总是希望谈判结果对自己更有利。因此，有时候，双方可能会各执一词，形成僵局。如果出现了这种状况，谈判的人应该灵活对待，找到突破口。有很多方法可以打破僵局，从语言角度来说，转换一下话题，调节一下紧张的气氛是有效的手段。

这种转移话题打破僵局的方法若运用得当，可能使谈判绕了一个圈子，多走了一些弯路之后又成功地到达终点，达成双方都能接受的协议。

北方某玻璃厂与美国 S 玻璃公司谈判引进设备事宜，却在全套引进还是部分引进这个议题上僵住了。双方代表各执一词，相持不下。北方某玻璃厂首席代表为使谈判达成预定的目标，决定打破这个僵局。他略经思索后，笑了笑，换了一种轻松的语气说："你们公司的技术、设备和工程师都是世界一流的。你们投进设备，我们双方技术合作，帮我们把厂子办好，一定要用最好的东西，这不单对我们有利，而且对你们也有利。"

S 玻璃公司的首席代表是位高级工程师，他听到这番话自然很高兴。气氛顿时变得活跃而轻松了，僵局也立刻得到了缓解，最后双方达成协议。北方某玻璃厂省下了一大笔钱，而 S 玻璃公司也因帮助该厂成了全国同业中产值最高、耗能最低的企业而名声大噪，赢得了很高的声誉。

转移话题有相当的难度，须有对语言驾轻就熟的技巧。若话题转移得不好，即使可以暂时性地缓和紧张的气氛，也对大局没有用处。巧妙地转移话题，不仅可以调节气氛，还能帮助谈判去除障碍，铺顺道路。

转移话题时应该考虑具体情况和对象，具体情况具体分析并采取适宜的方法，不能不靠谱，随心所欲，以致讲的内容风马牛不相及。

用沉默来表示你的想法

有时候沉默代表了不同的意义。沉默可能是无声的抗议，也可能是无言的赞赏；可能是默认，也可能是保留自己的观点不予置评；可能是一种心虚，也可能是一种震慑；可能是没有主见、附和众议的表示，也可能是决心已定、不达目的决不罢休的标志。

有位著名的谈判专家替他的邻居与保险公司交涉赔偿事宜。

理赔员先发表了意见："先生，我知道你是谈判专家，一向都是针对巨额款项谈判，恐怕我无法承受你的要价。我们公司若是只出100美元的赔偿金，你觉得如何？"

专家表情严肃地沉默着。根据以往经验，不论对方提出的条件如何，都应表示出不满意，此时，沉默就派上用场了。因为，当对方提出第一个条件后，总是暗示着可以提出第二个、第三个……

理赔员果然沉不住气了："抱歉，请勿介意我刚才的提议，再加一些，200美元如何？"良久的沉默后，谈判专家开腔了："抱歉，无法接受。"

理赔员继续说："好吧，那么300美元如何？"

专家过了一会儿，才说道："300美元？"

理赔员显得有点慌了，他说："好吧，400美元。"

又是踌躇了好一阵子，谈判专家才缓缓说道："400美元？"

……

就这样，谈判专家只是重复着他良久的沉默，并配合着露出痛苦的表情，重复着说不厌的那句反问的话。最后，这件理赔案终于在950美元的条件下达成协议，而邻居原本只希望赔偿300美元！

在某些环境中，沉默可以消除语言传递方面的障碍，听者也可以集中注意力专注于对方。这就像乐队指挥举起了指挥棒一样，原本喧闹的会场立马安静了下来，沉默无声中感染了听者的情绪。

在谈判过程中，适当的沉默，反而可以产生此时无声胜有声的奇效。

用大智若愚的态度交谈

很多有名的谈判专家都曾说过，和一些无知愚笨、做事犹豫不决或者固执己见的人打交道是很容易受挫的。如果一个人完全听不进别人的讲解，就像一只麻雀去欣赏高雅的音乐一样。诚然，在一个根本听不懂你说的是什么的人面前，再精辟的见解，再高深的理论，再高明的技巧，又能起什么作用呢？

所以，在适当的时候，你可以收敛自己的锋芒，向对方"示弱"，以消除对方的排斥感和敌对心理，松懈他的警惕性，让他产生同情心，使谈判朝着有利于你的方向发展。

日本某航空公司和美国一家公司谈判。谈判从早8点开始，美国代表完全控制了局面，他们利用手中充足的资料向日本代表展开强大的攻势。他们通过屏幕向日本代表详细地介绍、演示各式图表和计算结果。而日本代表只是静静地坐在那里，一言不发。两个半小时之后，美国代表关掉放映机，满怀信心地询问日本代表的意见。

一位日本代表面带微笑，彬彬有礼地答道："我们不明白。"

美国代表问："不明白？什么地方不明白？"

日本代表回答："都不明白。"

美国代表快沉不住气了："从哪里开始不明白？"

另一位日本代表慢条斯理地说："从您将会议室的灯关了之后开始。"

美国代表傻了眼："你们要怎么办？"

三位日本代表异口同声地说："请您再讲一遍。"

美国代表彻底泄了气。他们再也没有兴致重复那两个半小时的紧张、混乱。他们降低了要求，只希望可以达成协议。

美国代表是做好万全准备而来的，日本代表如果正面和他们交锋，肯定占不到便宜，索性他们收敛了自身的锋芒，当自己什么都不明白，这样反而使对方大乱阵脚，使自己赢得了成功。

在谈判中，我们有时会遇到攻击型的对手，他们咄咄逼人，气势汹汹。对这种人，采用"装傻"示弱的方法，往往能收到很好的效果。

因人制宜才能抓住客户

想要成为一个优秀的推销员，必须持续地学习、观察以及探讨。你应该观察分析出顾客的心理，然后归纳总结，再针对顾客的不同类型，选择合适的商品说明。

以下是根据性格划分出来的不一样的顾客类型，及对不同顾客实施的推销战略。

1. 忠厚老实型。这是一种容易被说动的顾客，因此，只要推销员将商品介绍清楚，他是会购买的。

对这类顾客，最要紧的是让他点头说好，你可以问他："怎么样，您不想买吗？"这种突然的问话可消除顾客的防御心理，让他在不自觉中便完成了交易。

2. 夸耀财富型。这种类型的顾客喜欢在他人面前夸耀自己的财富，如"我拥有很多产业"或"我曾经与许多政要交往"，同时他们还喜欢在手上戴个金表或钻戒，以示他们的身价不凡。

在这类顾客炫耀自己的财富时，你必须恭维他，表示想跟他交朋友，然后，在接近成交阶段时，你可以告诉他："您可以先付个订金，余款后面再付。"这种说法一方面可顾全他的面子，另一方面也可以让他有周转的时间。

3.冷静思考型。这种类型的顾客，在听完你介绍的产品后，总是要冷静地思索一段时间，此时，他们可能一句话也不说，有时则以怀疑的眼光观察你，有时甚至还表现出一副厌恶的表情。

这类顾客在推销员介绍商品时，虽然并不专心，但他们仍然非常仔细地分析推销员的特点，想探知推销员的态度是否出于真诚。

应付这类顾客，最好的方法是你必须很注意地听他们所说的每一句话，而且铭记在心，然后从这些言辞中推敲出顾客心里的想法。

在平时，推销员要准备一些能帮助打破谈判僵局的资料，学会一些打破僵局的技巧。在和这种类型的顾客洽谈时，不可以提及对方的缺点，要充满自信地展现出自己的优秀和专业能力。相信当你做到这些时，这类顾客也能被你和你的产品打动而下单。

第十一天 学会倾听

欲说先听效果好

好的销售员都知道，在向顾客介绍前，最好先听听顾客的话，因为倾听是了解顾客需求的第一步。听顾客讲出他们的购买意愿是决定采取何种推销手段的先决条件，有时听比说还来得重要一些。倾听顾客说话至少有下面三个好处：

第一，倾听是对别人的一种尊重。当你聚精会神地听对方兴高采烈谈论的时候，顾客会有一种被尊重的感觉，从而能够拉近双方的距离。认真倾听顾客表达自己的需求往往能使推销出现柳暗花明的情况，因为倾听本身就是对顾客的尊重。

第二，倾听之后才能有效地应对。推销员在倾听顾客谈话时要注意客户的喜好与需求，并对此作出有针对性的产品介绍。倘若对方还有不太了解的地方，再仔细地讲解才不会功败垂成。

第三，找到顾客困难点。面对面销售时最令人泄气的问题，莫过于顾客冷淡的反应与不屑的眼光，因为这对推销员是一种十分严重的打击。许多顾客在问答之中只会应付式地说几句客套话，这是因为他担心说出自己的需求后，会被推销员逮住不放。因此，一些顾客和推销员交流的时候，一般能拖则拖、能敷衍就敷衍。推销员如果想要解决这种困扰，只有想尽办法让顾客说话，并且在询问的时候，让对方务必谈及内心的想法以及与产品有关的问题，才能寻找到销售的切入点。

如果有顾客对你的产品感兴趣，那么在产生充分的购买理由之前，他也不会轻易地下决心购买。所以，当你认真倾听之后应有针对性地给顾客介绍，让他产生充分的购买理由。因此，在说话和倾听过程中，让顾客说话的时间应该保证在70%左右，而推销员在推销自己的产品之前，应该是一个合格的倾听者。

倾听有哪些作用

销售人员一定要记得，绝不能自己一味地、没完没了地讲一大堆套话、空话，让顾客没有任何想听的劲头。

在美国东南海岸，有一家小印刷机销售公司。在他们的隔街对面，正好有家印刷公司，这家公司的负责人说话磕磕绊绊、令人很烦，但是这家小印刷机销售公司还是觉得对方肯定会购买他们的印刷机。恰好此时公司来了个新手，因为他没有经验和自信，公司为帮助他树起信心，决定让他去做这笔必成的交易。

推销员动身前，他的董事长把情况如实地告诉了他："对面公司的那位负责人为人非常差劲。你到他公司，他很可能极尽所能贬低你，并表示出令人难以忍受的轻视，但是你千万不要在意也不要跟他犟嘴，只管让他说他的去。等他说完了，你这样告诉他：'先生，您所要说的我都明白了，记住了。现在请您看看我所带来的印刷机，这是您所要的那种。这种机器在本地最受人欢迎，相信它也能够使您满意。'这样，你的推销任务就完成了。"

听完上司的吩咐，推销员就穿过街道，去了隔街对面的公司。果然，如那位董事长所说的，推销员进门后只说了自己的名字和他所在的公司名称，就再也没有说一句话的机会了。此后的四五十分钟内，他只有听那家公司负责人喋喋不休大发牢骚、吹毛求疵的份儿。推销员一直忍耐着听他说完，然后才向对方说："先生，您所要说的我都听清楚了，记住了。现在请您看一下我所带来的印刷机，这正是您所要的那种。我们的机器在本市是最受欢迎的，相信也会令您满意。"

不出所料的，这位推销员拿到了订单。他欣喜地把订单拿给董事长看，董事长却大吃一惊："太意外了，真是不可思议！伙计，你跑错了地方，却拿到了我们公司以前根本不能拿到的大订单。你跑到了该去的那家公司的隔壁，十几年来我们一直不能同这家公司做成什么生意，想不到你居然取得这样的成功。"

作为一名推销员，推销的关键不在于你说多少，而在于你听进去多少。推销员应该尽量多地聆听、点头或者赞美，去听客户内心深处想要表达的内容，这样，你才能对客户的想法有所了解，才能对他想要什么有所了解。

你是哪种倾听类型

根据前面的分析，我们得知：倾听是一门非常重要的艺术。但是倾听也有很多分类，通过观察和总结，我们不难发现，倾听主要包括三种不同的方式。倾听的类型不同，产生的效果也不一样，你是哪一种类型呢？

第一种，听得漫不经心。以这种态度听别人讲话，就会东张西望，左顾右盼，心不在焉。持这种听话态度的人要么是对谈话内容不感兴趣，要么是瞧不起对方。

无论怎样，以这种方式听人讲话是一种无礼的、没有教养的表现。作为一个推销员一定要改掉这种不好的习惯，否则将一事无成。

第二种，听得很挑剔。这种听话态度表现为：听话人把自己扮演成十分严格的先生，仿佛他们听人讲话的目的完全不在于接受对方传递的信息，不是从对方的谈话中去获取观点，而是习惯性地挑剔别人的言语。因此，这是最无礼也最不受人欢迎的听话方式。如果你属于这种类型，请马上改掉，不然你可能将一事无成。

第三种，移情式地听。听话者总是站在谈话者的角度，随着谈话者的情感变化而变化。

英国的辛普森夫人就是一位以移情方式听人讲话的典范。她曾因此而迷住了英国国王爱德华八世，使他坠入爱河，最后宁要爱情不要王位。

据英国作家莎罗夫介绍，辛普森夫人出身平民。她虽然美丽，但也并非绝代佳人，而且离过两次婚。她迷住爱德华八世的原因就在于她听人谈话时的非凡魅力。

作家这样写道：

"她坐在公爵（即爱德华·戴维，退位后被封为公爵）对面，肘靠在桌面上，手支撑着下颚。她的眼睛、耳朵、整个身心似乎全沉醉在他说的每个字、每一句话中，她似乎在说：'继续说吧，请多和我讲一点……我听着呢……真是太有趣了……简直令人着迷啊……'"

当你倾听客户讲话的时候，应该选择最后一种方式，即认真地体会客户表达的情感，那么客户也会感受到你这种移情式"听"法的真诚，而你们之间便更容易达成默契。

认真倾听每一句话

有的时候，一些平常的话题，对于你来说，已经知道很多了，但是客户还谈得津津有味。这种时候，出于尊重客户，你应该保持耐心，不能露出厌烦的神情。当然，这时思想是十分容易开小差的，同时会表现出心不在焉的下意识动作和神情，以致对对方的言语"听而不闻"。当客户突然问你一些问题时，如果你只是毫无表情地缄默，或者答非所问，客户就会十分不快，觉得是"对牛弹琴"。越是善于耐心倾听他人意见的推销员，推销成功的可能性越大。

推销员："××先生，通过观察贵厂的情况，我发现你们自己维修花的钱比雇佣我们干还要多，是这样吗？"

客户："我也认为我们自己干不太划算，我承认你们的服务不错，但你们毕竟缺乏电子方面的……"

推销员："对不起，请允许我插一句……有一点我想说明一下，任何人都不是天才，修理汽车需要特殊的设备和材料，比如真空泵、钻孔机、曲轴……"

客户："是的，不过，你误解了我的意思，我想说的是……"

推销员："我明白您的意思。就算您的部下绝顶聪明，也不能在没有专用设备的条件下干出有水平的活来……"

客户："但你还是没有弄明白我的意思，现在我们负责维修的伙计是……"

推销员："现在等一下，××先生，只等一分钟，我只说一句话，如果您认为……"

客户："你现在可以走了。"

在推销中，一大禁忌就是推销员几次三番地打断客户的讲话。如果采用上面的这种对话形式，推销基本是没有希望了。

没有哪个客户喜欢推销员自作聪明,自作聪明的推销员永远都不可能获得客户的信任。所以,记得认真听客户的每一句话。

正确倾听的注意事项

销售过程中,推销员不仅要有倾听的意识,更要懂得正确倾听。下面我们就来看看正确倾听有哪些注意事项。

第一,选择倾听的时机。在推销的洽谈过程中,如果遇到了下面这几种情况,推销员应该注意给顾客提供一些讲话的机会:顾客的神情变得不耐烦或者不高兴的时候;顾客迷惑不解的时候;顾客不同意推销员的观点的时候。

第二,遵守倾听的礼节。倾听时,推销员应注意一些基本的礼节:避免外界的干扰,如果你的办公室已经够吵了,叫他人帮你处理电话或换一个干扰较少的场所;用你的眼睛听,用你的眼睛与顾客交流,表示你在听他说的每一个字;消除心理障碍,保持镇静,不要受情绪和当时气氛的影响;避免先入为主的偏见,不要过早地做出判断,要有平等观念和虚心意识,不要让人感到窘迫、拘束。

第三,及时做出反应。在顾客陈述之后,推销员要有所反应,以免使顾客陷入尴尬或失望的境地。有所反应,不仅仅是指正面反应，还可以对顾客毫无道理的指责及不切实际的要求进行反驳。但应该注意的是，正面反驳可能破坏洽谈气氛，因此，反驳应该是婉转的。同时，应该不听是非，不信是非，不说是非，使自己成为一个中立者。

第四，巧妙引导。有些顾客由于语言表达能力较差，不能清晰、准确地传递信息，也有些顾客不愿意透露某些信息。这时，推销员应对顾客进行引导。引导的方法包括转述和提问。转述不同于重复，而是对顾客的话加以概括、解释、推理之后，再用提问或者陈述的方式进行表达。如果说话的时候冷了场，可以在说话者所说内容的基础上，使用"为什么""如何"等疑问句提问，应该真诚地鼓励或者帮助对方找到解决问题的方法。还应该跟上对方的情绪变化，调整自己的喜怒哀乐，必要的时候作一些补充说明。

从某种角度讲，倾听也是一门艺术，这门艺术在销售领域发挥着非常重要的作用。懂得倾听的销售员未必是好的销售，但好的销售员一定都懂得倾听。

第十二天　实践中的技巧

实践中常用的倾听技巧

实践出真知。你是否是一名优秀的推销员，还是要看实践中的表现。实践是关系我们能否成功的关键。在实践中，我们必须注意下面几个问题。

第一，放弃一些先入为主的观念。保持开阔的心胸，放弃那种先入为主的观念。只有做到这一点，才能耐心地倾听对方的讲话，才能正确理解对方讲话中所传递的信息，准确地把握讲话的中心和重点，才能客观、公正地听取、接受对方的反对意见。

第二，全神贯注地听。这里所谓的"听"，不光是指动用耳朵来听，而且还包括运用眼睛去观察对方的表情与动作，用心去为对方的话语做设身处地的构想，用脑去研究对方话语背后的动机。

第三，约束、控制自己的言行。倾听对方讲话最难也是最关键的技巧之一，就是约束、控制自己的言行。通常人们喜欢听赞扬的语言，不喜欢听批评、对立的语言。当听到反对意见时，总忍不住要马上反驳，似乎只有这样，才说明自己有理。在销售中，听到反对意见时，推销员应先控制自己，让对方把话讲完再进行有效地反驳。

第四，有鉴别地听。这必须建立在专心倾听的基础上，因为不用心听，就无法鉴别顾客传递的信息。例如"太贵了"，这是很多顾客的口头禅，言外之意是"我不想出这个价"。如果无法辨别真假，推销员容易把顾客的借口看作反对意见来反驳，最终激怒了顾客，让顾客觉得应该为自己的借口辩护，于无形中增大了推销阻力。只有真正地摸清顾客的意图，才能恰当地调整谈话策略，才能有针对性地说服顾客。

推销员要懂得将好的理论应用于实践中，并从实践中总结出更有用的理论。只有如此才能在销售的过程中不断取得突破。

当心欲速则不达

日本有一部电视剧叫《青出于蓝》，讲的是一位寡妇带着遗腹子到东京谋生，历尽千辛万苦，终于有了一点积蓄，便想开一家小餐馆。但事情进行得太顺利，使她深感不安："从乡里出来时，乡亲们曾再三叮咛我，东京人非常狡猾，对那种花言巧语的男人要特别注意，万不可疏忽而上当受骗。可这次我请的厨师，从购货到店内装饰，埋头苦干，没有多说一句话，简直是太好了，反而让我心里不安……"这个厨师只是因为太好了，使得事情太顺了，而令人感到不安的。

这说明凡事都有一个正常的进程，太快、太慢都是反常，反常的事总会叫人怀疑。

推销工作也是一样，要按部就班地引起对方的购买欲，自然而然地成交，才是正常步骤。如果话语中带有"赶快买下""赶快签约"的逼迫就会引起对方的警戒心。

有一位幼儿园的推销员到一个顾客家推销说："太太，为了您可爱的小宝宝，请这个月内一定要入园。我不骗您，下个月入园的年费和入园金都要提高25%，以后没有这么好又这么便宜的幼儿园了。"

这对夫妻正好结婚10年才得个小宝宝，视其为心肝宝贝，望子成龙之心不在话下，所以不免心有所动，跃跃欲试。"可是我们想参观一下幼儿园，看看……"顾客好像还有点犹豫。

"哎呀，还参观什么呀！您放心好了，我们的幼儿园是聘请专家，从幼儿心理学的角度充分研究考察过的，不必犹豫，加入就是了。"

推销员语带逼迫，好像不容拒绝似的。最后这对夫妻还是要求先参观幼儿园，结果发现并没有什么特别好的地方。再加上那个推销员招揽的态度过于急迫，不免心下生疑，怀疑这家幼儿园是否有什么内幕，左思右想，决定还是另外选择的好。

这个推销员便是"欲速则不达"最好的例证。

引导客户说出心里话

推销人员要与客户保持联系，打电话或是顺道拜访都可以，并且这些行动得在你的产品一送到他手上，或你一开始提供服务时就进行。你得探询他对产品是否满意，如果客户不满意，你得设法让他心满意足。

要注意的是，千万别问他："一切都还顺利吗？"

你的客户一定会回答："哦！还好啦！"

然而，事实未必如此，他也许对你的商品不满意，但他不见得会把他的失望和不满告诉你，可是他一定会跟朋友吐苦水。

如此一来，你和你的产品的名声毁了，生意也别想再继续了。

你曾在外面享用丰富美味的大餐吗？你认为，花 500 元在一个豪华餐厅里吃一餐很划算，因为听说餐厅提供高级波尔多葡萄酒、自制意大利通心粉、新鲜蔬菜沙拉配上适量的蒜泥调味汁，提拉米苏奶糕松软可口，让人赞不绝口。

可是，如果每道菜都让你不满意，例如，酒已变味，通心粉煮得烂糊糊的，生菜沙拉里放了太多蒜泥，让你吃得一嘴蒜臭，不敢跟约会的朋友开口，提拉米苏奶糕又硬又干，你会有什么感觉？

餐后，老板走上来，拍拍你的肩膀问："怎么样，吃得还满意吗？"

你或许会回答："还好！"

为什么大多数都回答"还好"？因为老板提出这样的问题是不希望你说出不好的回答的。

如果换个说词呢？假设老板问："有什么需要改进的地方吗？"

这种坦然的问话会让你开口。你会说："葡萄酒发酸，通心粉黏糊糊的，提拉米苏奶糕又硬又干，最糟的就是生菜沙拉，你们的厨师或许不懂'适量的蒜味'是什么意思。"

这些话虽然听起来很刺耳，但是老板已表明态度，他很在意自己的餐厅，期待你将这一餐的真正感受表达出来。而你照实说了，这等于是给他改善不足的机会。

记住，不要让客户说"还好"，而要引导他将心里的话说出来。

多给客户一点真诚的关心

既然人们对平时的服务看得很重，那么我们推销员就应该提供。在对待顾客方面，推销员的态度必须是真诚的，应该让顾客看到的或者是将顾客和一家公司联系在一起的东西应该是：充分的真诚、乐于助人的意愿、贴心的服务、精神上的施惠、试图提供尽可能的服务时表现出的耐心等。

巴黎著名的波一马奇公司要求所有店员对别人，无论他们是不是顾客，都要表现出对他们真诚的关心。一些在巴黎的人还会被邀请参观波一马奇公司。他们一进入公司，就有能够和他们用母语沟通的人来为他们服务，带领他们参观公司。他们可能会受到方方面面完备的关照，而不会向他们施加任何细小的压力，以使他们购买某些东西。

无论你是一个旅行推销员，还是一个商场里的推销员，有益的、由感情支配的而不是由理性或者仅仅是惯例支配的举动，比其他任何东西对你的成功起到的作用都大。一位优秀的推销员通过自己对顾客的真诚关心，就能非常深入地迎合顾客的心理，使自己受到他们的喜爱，以至于他们总是希望能看到他的笑脸，等待着买他的东西，即使对很多顾客来说并非只得这个推销员不可，但是他们就是喜欢找他。每一个雇主都知道一个能够吸引生意的店员的价值是一个可能赶走生意的店员价值的 10 倍。

要注意做出承诺的语言。要努力避免做出你不可能实现的承诺。比如，当你热情帮助顾客的时候，不能随口承诺自己可以提供一些你找不到或者对你的公司来说很难找到的产品。否则，无论对你的公司、顾客还是对你来说，都是让人头痛的事。乐于提供帮助，应该建立在自己的能力范围之内。

第十三天　谈判中应注意的

引起客户兴趣后再推销

推销员在进行推销时，要在开始的阶段将客户的好奇心和期待唤起来，因为只有推销员的商品能够吸引客户的目光，这项交易才有可能顺利达成。

在一次贸易洽谈会上，商家对一位正在阅读产品说明的顾客说："你想买什么呢？"顾客说："你这没啥可买的。"商家说："是呀，别人也说过这话。"顾客正准备为此得意，商家又微笑着说，"但是，后来他们都改变了看法。""噢，为什么？"顾客问。于是，商家便开始了正式推销，最终卖出自己公司的商品。

该事例中，商家在顾客不想买的时候，没有直接向其叙说该产品的情况，而是卖了一个关子——"别人也说过没有什么可买的，但后来都改变了看法"，从而引发了顾客的好奇心。于是，商家有了一个向其推销该产品的良好机会。

为了客户并吸引其的注意，有时可用一句大胆陈述或强烈问句来开头。有经验的推销员能使用恰当的语言艺术营造一种轻松愉快的氛围。当双方的意见产生分歧时，恰当的语言艺术又是转移或搁置矛盾、化解或缩小分歧的主要手段。

同时，在阐述意见和要求时，合理的语言表达方式既可以清楚地说明自己的观点，又不致引起对方的不良反应。

什么是顾客购买的主要因素呢？简单地说有这样三个方面：其一，顾客最基本的需求点；其二，顾客最感兴趣的一点；其三，顾客最薄弱的一个环节。

而我们要了解到上述问题的答案，就必须懂得如何去倾听和提问，并鼓励顾客说话，而不是自己滔滔不绝地说。搞清楚顾客的主要购买因素之后，再进行分析，就能了解顾客最需要的是什么产品，再根据顾客的消费心理进行推销，想要将产品推销出去就很容易了。如果推销员要想了解顾客是否需要该产品，就要想方设法将顾客向需要的这一方向引导，这种销售方法是很有效的。

恰如其分的介绍

那些一流的公司之所以要将公司做成品牌，是因为一旦品牌深入人心其影响就很难消除。对于相同质量的产品，顾客宁愿相信那些有品牌的商品。推销员在推销产品的时候要着重推销该产品的品牌，这样既能增加顾客的品牌意识，又有利于产品的销售。

首先，要引起顾客的注意，耐心地讲。如果顾客根本没注意你的谈话，那么推销就难以进行下去。

其次，顾客注意听你的商品介绍时，你的介绍必须生动有趣，进而引起他的注意。

最后，你的讲解要能让顾客参与进来，并能给顾客带来某种利益，从而激发他的购买欲望，进而使他采取购买的行为。

而业绩不良的推销员，常常未了解顾客的需求，就强调产品的特性与优点。

有一位推销员在一家视听器材与设备公司服务。他在进行推销说明时，一开始就说："您好，女士，我很乐意向您介绍这部放映机的最大特点，那就是自然的灰色。本公司开发人员认为，灰色可使放映机更醒目。同时我还要强调它比许多其他放映机更好的优点之一，就是它能以低于标准的速度来操作。"

当他在强调灰色与操作速度富有变化性的优点，而且认为这些有利于推销时，结果却不尽如人意。他的推销错在哪儿呢？错在他没有做试探性的工作。试探是了解顾客的需求、欲望以及态度等有关情况的途径。

这位女士会仅仅因为眼前这个推销员的介绍，就认同这部放映机显著的优点吗？这一部速度比标准速度慢的放映机，她真的需要吗？对于这些问题，推销员要进行反复试探，才能知道答案。

推销员在推销某一样产品时，首先要考虑的问题就是这位顾客是真的想要这件商品吗？只有掌握了顾客想要的东西，才能使推销活动更加顺利。

让顾客产生依赖感

推销员要想得到顾客的信任，首先要做的就是将顾客放在首位，设身处地地为顾客考虑，将顾客需要的东西提供给顾客。

小李是某猪饲料销售公司的推销员。这天，他背着一大袋饲料来到一个偏僻的小村庄，这里的青年人大多出去打工挣钱了。此时，一些人正在村里的场院里闲谈。

小李自我介绍说："各位乡亲，你们好！我是 M 牌饲料厂的推销员，想向大家介绍一下我们的猪饲料。"

一位大爷问："这猪饲料有什么效果啊？用啥东西做的？不会坑人吧？"

小李："您听我跟您细细讲。这猪饲料呢，它的营养成分高，主要是由玉米、大豆、豆粕、棉粕、菜粕、鱼粉、次粉、麸皮、大小麦、高粱等成分构成。咱们自己的猪饲料成分单一、营养含量不高，所以一年才能养大一槽猪。用这饲料啊，一年至少可以养大两槽猪，并且每个月可以增长 20 ～ 25 千克。您可以算算看。"

一位中年妇女："这位小哥，俺也想一年多养几头。俺丈夫出去打工了，孩子在念书，俺也想多赚点，帮贴一下丈夫啊，外面打工辛苦着呢。"

小李："您不相信我也情有可原。您这村庄比较偏僻，我们饲料厂也很少派人下来，一般都是在县城郊区卖这饲料，大家不知道也是很正常的。大家如果有亲戚在县城或者在县城郊区，可以问一下，他们都用我们的饲料呢。"

大爷："俺看这位兄弟说得诚恳。这样，俺信赖这兄弟，俺现在就给钱，免得你又跑来一次。如果好的话，下次来的时候再买一些。"

小李："不瞒您说，我也是怕大家信不过，所以才带这一点来让大家试一下。因为大家也不认识我，大家挣钱也不容易，还是等我下次来吧。我相信自己的产品。"

当小李第二次来的时候，他受到村民们的热烈欢迎。大家都要小李早点把他的产品带过来，小李说他在镇上有一个代售点，村民们可以到那里去购买。从那之后，镇上的 M 牌饲料代售点的生意一直很火爆。

信任可以使依赖感产生，推销员在进行推销时只有先取得客户的信赖，才能顺利推销出去产品。要想使客户对你产生信赖，推销员就要有诚恳的态度，并设身处地为客户着想。

让顾客自豪的话题

推销员在推销过程当中，要想方设法让顾客"秀"出自己或者是让顾客感到自豪，因为这些事情是令顾客开心的事情。为什么自豪会令顾客感到高兴呢？因为那些自豪当中有顾客的成功、顾客的特长、顾客的社会贡献、顾客的能力等。

王医生是广州市某著名医院某科室的主治医师。他毕业于上海某名牌医科大学，专业功底扎实，对工作认真负责，在市民中有着很高的口碑，并且获得了"五一劳动奖章"和"市十大杰出青年"荣誉称号。保险推销员小张，自然对这一切了如指掌。

小张："王医生，您好，我是×保险公司的保险推销员小张。您是否想买保险？"

王医生："我暂时还不想买。我妻子还在国外读书，以后我们究竟在哪里扎根都不知道呢，所以觉得现在还不是买保险的时候。像你这样的推销员有很多，要买早就买了。"

小张："哦，是吗？您妻子在国外读书？是读什么专业的？什么时候毕业？"

王医生："是美国普林斯顿大学，她有全额奖学金，还有两年毕业。"

小张："听说普林斯顿大学可是美国的名牌大学呢。哇，真的很不错啊！不过您更不错，能有这样一位令自己自豪的妻子。"

王医生："我不如她，我大学毕业就读了直博，后来就到了这个医院。"

小张："其实我觉得您更不错，因为您的支持她才出去念书的。而且您无论是医术还是医德，都是有口皆碑的。听说您去年还获得了'五一劳动奖章'，今年又获得了'市十大杰出青年'称号。"

王医生："哪里，我无非是尽到了一个医生的职责而已。"

小张："可能是您的职业使您比较自信，不相信保险，因为您是病人人寿的最大保家。唉，碰到你们医生，我们保险推销员就要失业了。"

王医生："其实我也在考虑保险的事情，只是一直比较忙，所以也没有时间去顾及。您知道，医生是最忙的，那些推销员有时候一来就无休止地说，有时候累了，就很烦。不过，这次谈话令我感到很高兴，我们倒是可以商量保单的事情。"

从小张的成功案例当中我们可以知道，关注顾客并且引起顾客的自豪感是一件多么重要的事情，当顾客知道你是在关注他时，他就会十分愿意与你分享他的高兴。这时候顾客已经将你是推销员的身份给忘记了，把你当成了一个可以倾吐的朋友，此时再将生意拿出来会好办很多。

从客户的立场出发

几乎所有的销售员都有这样一个通病，那就是在见到客户之后，急于向客户推销自己的产品。他们对于生意的成交很是急迫，好像怕生意飞走了似的。但是，实际上销售不应该是这样的。想要见一面客户是多么不容易的事情啊，要知道任何一个人都是有逆反心理的，推销员越是催促，他们反而越是犹豫。

有一位销售培训师对学生们说："能够把冰箱卖给因纽特人的推销员不是一个好的推销员。因为这个因纽特人在发觉上当后就再也不愿见到他了，推销员也不想再回到那里卖其他任何东西了。因为别人已对他失去了信任。"现在，有许多推销员都有这种想法，即只管把自己手中的产品卖出去，而不管顾客买了有没有用以及能不能发挥出产品的性能。

一个机械设备推销员，费了九牛二虎之力谈成了一笔价值40多万元的生意。但在即将签单的时候，他发现另一家公司的设备更合适客户，而且价格更低。于是，本着为客户着想的原则，他决定把这一切都告诉客户，并建议客户购买另一家公司的产品，客户因此非常感动。虽然这个推销员因丢单少拿了上万元的提成，还受到公司的责难，但却为自己赢得了很高的声誉，而且在后来的一年时间内，仅该客户就为他介绍了近百万元的生意。

令人奇怪的是为什么有些推销员会经常成功，但是有些推销员却是经常失败呢？主要的原因就是那些成功的推销员经常为客户解决问题，而那些失败的推销员却总是在推销的过程当中表现一般，甚至会为客户制造很多意想不到的麻烦。成功的推销员在推销的过程中能够把握住客户的心理，并进行具体的、行之有效的说服，以使他们能够接受产品。

第十四天　谈判的方法

让顾客产生共鸣

推销员在推销过程中引起顾客的共鸣也能打动客户的内心世界。那么，推销员要怎样做才能引起顾客的共鸣呢？引起顾客共鸣的东西又有哪些呢？

A先生在一家电动针织机厂做推销员。有一次，他决定将一个小区作为他推销他们厂生产的针织机的目标。这种针织机不但机身小巧，而且操作很简单，不需要很高深的机械方面的专业知识，另外，这种针织机可以满足多种花型的设置，特别适用于那些下岗的女工。

他打听到Y女士是这个小区里的下岗女工，孩子在读书，丈夫也下岗了，现在在开三轮车。靠着丈夫微薄的辛苦钱，一家人日子过得紧巴巴的。

A先生："您好！我是电动针织机厂的推销员。我想问问，您是否需要看看我们的机器？"

Y女士："您大概不知道，我们家的境况恐怕是这个小区里为数不多的几家困难户，恐怕……您找的人不对吧！"

A先生："我知道您家的境况，也知道您的不容易，您和您先生一起下岗，不要厂里一分钱，自己动手养活自己。

你们还要供孩子读书，真的很不容易，我真的打心底敬佩您这样的人。也许您会以为我是一个只想赚钱的做推销的，不屑我的看法。"

Y女士："不是的，我为什么不相信您呢？"

A先生："您的生活艰难，国家想办法帮您解决，但是您拒绝了国家的补贴，您二位是靠自己的双手来获得收入的人。其实不瞒您说，我们厂生产的机器除了针对私营企业主以外，也正是为您这样有困难的下岗女工量身制作的。您看看，您如果用这样的针织机，可以自己买回原料制作毛衣，操作很简单的。如果您也可以为家庭增加收入，那您先生在外面就可以轻松一点，孩子的学费也就有了着落，不是吗？现在针织毛衣很流行的，会织毛衣的女性越来越少，所以针织毛衣的市场还是很大的。"

Y女士："能不能等我先生回来考虑一下再说？您可以留下地址和联系方式。先生，真的很谢谢您啊！"

A先生："不客气的，其实，我也很敬重您的，真的不容易！其实我作为一个推销员也是靠自己的双手撑起自己的天空，希望以后能再见到您！"

过了一段时间，A先生差不多把这件事情忘记的时候，忽然接到了Y女士的电话，Y女士和丈夫已经把钱凑齐了，准备购买这种针织机。另外，他们那个小区还有几家住户也准备购买，因为他们很信任A先生。

A先生之所以会在推销过程中顺利将生意签下，原因就在于 A 先生把顾客当作自己的朋友，站在顾客的角度想问题，将顾客的心里话说了出来，将顾客的处境考虑到了，并为顾客策划。这样的行为让顾客与 A 先生之间产生了共鸣，顾客愿意同他交流，这样 A 先生就得到了顾客的信任，推销过程自然就很顺利了。

销售语言要有针对性

推销员在推销某一样产品时，要根据不同的情况有的放矢，因为顾客在购买动机、性格习惯、收入水平、文化水平、年龄、性别等方面都是不一样的。固定的一种风格并不适合所有的人，不同的顾客只有在接受自己比较熟悉、容易接受的话题时，才会比较容易被说服。

有一天，原一平访问某公司总经理。

他拜访客户有一条规则，一定会做周密的调查。根据调查显示，这位总经理是个"自高自大"型的人，脾气很怪，没什么嗜好。

这是一般推销员最难对付的人物。不过对这一类人物，原一平倒是胸有成竹，自有妙计。

原一平向前台小姐报名道姓："您好，我是原一平，已经跟贵公司的总经理约好了，麻烦您通知一声。""好的，请等一下。"接着，原一平被带到总经理室。此时总经理正背着门坐在老板椅上看文件。过了一会儿，他才转过身，看了原一平一眼，又转身看他的文件。

就在眼光接触的那一瞬间，原一平有一种讲不出的难受。

忽然，原一平大声地说："总经理，您好，我是原一平，今天打扰您了，我改天再来拜访。"

"你说什么？"总经理转身愣住了。

"我告辞了，再见。"原一平说。

总经理显得有点惊慌失措。原一平站在门口，转身说："是这样的，刚才前台小姐说给我一分钟的时间，让我拜访您并向您请安。如今已完成任务，所以我向您告辞，谢谢您，改天再来拜访您。再见。"原一平说完快速走出总经理室。

过了几天，原一平又硬着头皮去做第二次的拜访。

"嘿，你又来啦，前几天怎么一来就走了呢？你这个人蛮有趣的。"

"啊，那一天打扰您了，我早该来向您请教……"

"不必客气，请坐。"因为一开始原一平采用的妙招就是"一来就走"，所以这位当初"不可一世"的顾客比上一次要容易接近许多。

当推销员遇到那种比较不好沟通的人的时候，要本着"见人说人话"的方法，不要放弃那些看起来很难缠的顾客，要迎难而上，这样才能最终将他说服，让他为你创造业绩。

寻找顾客的弱点

当推销员遇到一个态度十分强硬的顾客应该怎样做呢？如果这位顾客是推销员经过很多次预约，花费了很多心思，跑了很多路的顾客，推销员自然是不甘心放掉这样的顾客的，所以他们会想很多办法来寻找突破点。那么最好的办法就是静下心来认真地寻找事情的突破口，要想让顾客不错过你的产品，首先就得展现出你产品的优势。

年轻的欧文是英国某市一家大型公司的一名小小的推销员，最近他在向一位客户凯恩斯推销汽油。凯恩斯在市郊一个小镇上拥有一家小型加油站。

欧文："您好，我不得不告诉您，如果您不听我的意见的话，您的厄运即将来临，但如果您采纳我的意见，您可能获大利。"

凯恩斯奇怪地问："您有什么事吗？我不明白您在说什么。"

欧文："是这样，先生，我为您准备了两货车汽油。"

凯恩斯很强硬地说："您开玩笑吧？我不需要任何汽油！"

欧文："为什么？我简直不敢相信您会放弃这个难得的机会，先生！"

凯恩斯固执地说："我现在没有地方储存那么多汽油！"

欧文："先生，您虽然不是我的亲兄弟，但是我还是要向您建议，并且为您提供这两货车汽油。您大概不知道吧，不久之后油价要上涨。您知道，这种消息并不是很多人都能够知道的。如果您不早点下手，到时候您不但没有这样价格的油买，您得高价购进汽油，而且您加油站的生意也很难正常进行啊。如果您现在买的话，您还可以享受到价格上的优惠。我想没有人会拒绝这样的好事吧？"

凯恩斯："您是怎么知道的？为什么您自己不赚呢？"

欧文："先生，我算得上是半个经济分析员。您也可以看报纸，聪明的人总能看出点东西来的。至于您问我为什么要告诉您，先生，因为我们公司想做更大的生意，大公司薄利多销，但是您的加油站就不同……也许您一次获利可以抵您半年的利润。您愿意看着这样的一个机会给别人吗？"

凯恩斯："您让我考虑一下。"

欧文回到家的时候，接到了凯恩斯打来的电话。电话中他讲到他另外租了一家可以存放两货车汽油的加油站，希望欧文能够把油卖给他。

欧文就是这样抓住了凯恩斯想获得更大利润的心理。虽然凯恩斯当时已经拥有了一家小型加油站，但是他想赚取更大的利润，却又害怕担风险。作为一个小私营业者，患得患失、犹豫不决是凯恩斯的心理。欧文以凯恩斯的这一心理为突破口进行推销，最终签下了单子。

语言的热情要恰如其分

推销员在推销的过程中要有良好的口才。良好的谈判技巧和口才要建立在推销员谈话过程中的态度上面，只有拥有建立在一定热情程度上的好口才，才算是一位及格的推销员。态度冷若冰霜的推销员无论口才多好都无法打动客户的心。

这一天，街角的小服装店进来了两位年轻的女顾客。衣着整齐的40岁出头的导购员迎了上去。

"女士，天暖了，看看新上市的应季衣服？"

"我们随便看看。"两位女顾客不紧不慢地应道。

"像你们这种年纪，正是装点街面的时候。你们穿上各色的春装走在大街上，别提多精神了。还是年轻好！"

"你也不老呀！"两位女顾客的兴趣也来了。

"不行呀，年纪大了。"导购员指了指其中的一款春装，"这是今年最流行的样式，但我的腰身不行了。前天，隔壁的一个小姑娘从我这里买去了一件，穿上后，别提多漂亮了。所以呢，这种衣服穿上之后效果特别好。你们试试吧，买不买没有关系，看看效果。"

说完她便急步走过去，取下衣服递到其中一位看来更有兴趣的女士手上，并指着试衣间说："请过去试试吧，眼见为实嘛。"

见另一位女士手里还拿着一件因天热而脱下的外套，女导购员顺手拿来一个大纸袋，递给她："你们这样拿着不方便，把衣服装起来吧。如果不小心丢了，就太可惜了。"

那位女士从试衣间出来，问："怎么样？"

看了后，导购员不禁赞叹道："你的腰身好，穿着很合身。看这颜色，把你的皮肤衬得好白哟。来来来，把这个饰物戴上或许更有味道，这才叫白领丽人。"

推销员在工作中要做到热情周到，不仅要发自内心地、真诚热情地去赞美客人，让顾客感到心情舒畅，同时还要在与顾客的交流中不断介绍商品的性能、用法及相关的知识，让顾客觉得从销售人员那里能学到很多东西，并能在与推销员的交谈过程中度过一段开心的时光。

第十五天　谈判中兵法的运用

谈判中的心理战术

在进行商务谈判时，尤其是在面对的对手很强硬时，要步步小心，因为一不小心就会让原本已经快要成功的生意泡汤，不仅生意做不成了，自己还陷入了无限的懊恼与悔恨当中。所以要想在谈判中，尤其是在与强硬对手的谈判中取胜，就要通过探索了解其中的取胜之道，这样会让你受益良多。

第一，面对精明者，要充分准备，务实细致，正面交锋，不卑不亢，据理力争，步步紧逼，以胆识才学先声夺人，最终令对方刮目相看。

生意场上的精明者，往往长于计算，工于心计。他们对市场行情、同行实力、物流走势等了如指掌。与精明者交锋时，自信是取胜的必备前提。不因经验不足而心虚胆怯，而以平等身份，以山不转水转、江山代有人才出的豪迈气概去迎战对手，只有这样你才不会翘首踮脚望对方之项背，而能昂首挺胸屹立在对手面前。

第二，面对奸诈者，要巧妙周旋，沉稳不露。要密切注意对手的举动，搜寻其弱点，掌握时机火候，在其"要害处"重重一击，令其方寸大乱，方可稳操胜券。

一旦时机成熟，应果断出击。一旦在奸诈者之痛处下手，对方必然方寸大乱，乱中取胜如探囊取物。不过，图穷匕见，谨防狗急跳墙，只有笑到最后者方笑得最好。

第三，面对老实倔强者，应热情主动，谦逊随和。善解人意，以至诚至情打动对方，从而令其动心动容，然后果断下单。

以"情"动人，必先从缩小"感情区"做起。一旦相识，待之以友，隔三差五上门交流；家长里短，问寒问暖；遇有难事，鼎力相助；天长日久，精诚所至，金石为开。以情动人，重在至诚，诚以"真、信"为本。

第四，有一种人，往往实力雄厚，财大气粗，高高在上，任你施展十八般武艺，根本不理。

在接近这种人的时候，首先就要在"敲门"上下功夫，"敲门"时重在一个"奇"字。如果你能找到与对方有一定的利益联系的人，或顶头上司，或左邻右舍，只要找到这些人，让这些人为你引见，对方就不会怠慢，自然也就不会小看你了，这样你也就拥有了一次谈判的机会。

由此可见，在谈判中讲究"心理战术"，具有坚定的自信心，会使你在强大的谈判对手面前不卑不亢，在气势上赢过对手，让对手摸不透你的底细，使得对手心绪不宁，而对方的心虚不仅会暴露他们的弱点，更会在较量中不自觉地处于被动。

在谈判中占上风的妙法

战场上占领了高地的一方更容易获胜，同样的道理，谈判中占了上风的一方更容易取得好的成绩。因此，销售员要学习一些在谈判中占上风的方法。

第一，营造良好气氛。推销员在谈判的过程中有可能因为一个小细节就会让对方对你的印象大打折扣。所以，推销员在谈判时要时刻保持自己的言行举止与会场主题气氛相一致，要时刻提醒自己不要因为一个细节使之前所有的努力都化为乌有。任何一个不恰当的行为都可能会带来负面作用，都可能会使自己失去一次成功的机会。

第二，绝不能取笑对手。谈判中宁可取笑自己，也绝不取笑对方。这是在商业会谈中使用幽默的一项重要原则。这充分说明在交往中，尊重对方的重要性。它包括如下几个方面的内容：与顾客见面时要态度友好，表情自然，面带微笑，给顾客一种和蔼可亲的感觉，以消除陌生感，切记不要过分亲热；握手时第一次目光接触，宜表现出坚定和自信，使顾客觉得和此人打交道可靠，切记不要犹豫和躲闪；行动和说话要轻松自如，落落大方，切记不要慌慌张张、吞吞吐吐及缩手缩脚。

第三，尽量采取主动。在商业谈判中，不是东风压倒西风，就是西风压倒东风，谁占据主动就可能意味着会获得更多的利益。因此，谈判中应采取措施以在心理上压倒对方。

第四，绝不首先让步。在商业谈判中，斗智斗勇的目的就在于不让对方有可乘之机。需知"一步放松，步步被动"，许多谈判的失败一方就是这样逐渐走向被动的。所以，成功人士指出，商业谈判时应注意：替自己留下讨价还价的余地。如果你是卖主，喊价要高些；如果你是买主，出价要低些。不过不能乱要价，价格务必要在合理的范围内。如果可以的话，在合理的范围内你也可以先让步。要让对方认为每样东西都是争取过来的，因为人们都不太重视自己轻易得到的东西。

销售员还要懂得一点，谈判并不是要求一味咄咄逼人地进攻。有时输赢未定，暂时退让后再伺机而进，争取成功。军事上叫作："避敌锋芒，先让一步，后发制人。"

"退一步，进两步"，以退为进，是谈判桌上常见的一个制胜技巧。

转换思维进行突击

推销员要在谈判的过程中将对方正在期待的东西避开，突击的地方要选择那种别人一般不注意的地方，这样做就可以使对方的思维、判断脱离预定轨道。等你的思维逻辑逐渐被对方的心理所适应时，再从正面进行突破，也许会有转机。

广东某玻璃厂厂长率团与美国欧文斯公司就引进先进的浮法玻璃生产线一事进行谈判。双方在部分引进还是全部引进的问题上陷入僵局。玻璃厂代表提出的部分引进的方案，欧文斯公司无法接受。

"全世界都知道，欧文斯公司的技术是第一流的，设备是第一流的，产品也是第一流的。"玻璃厂首席代表转换了话题，先来三个"第一流"，诚恳而中肯地称赞了对方，使对方由于谈判陷于僵局而产生的沮丧情绪得以很大程度的消除。

"如果欧文斯公司能够帮助我们广东玻璃厂跃居全中国的第一流的话，那么，全国人民会感谢你们。"玻璃厂代表继续说。

这样，刚离开的话题似乎又绕了回来。但由于前面说的话已消除了对方心理上的对抗，所以，既使对方听到话题又绕了回来，也会觉得顺耳得多。

"你们应该知道，现在意大利、荷兰等几个国家的代表团，正在我国北方的玻璃厂进行引进生产线的谈判。如果他们谈判成功，而我们之间的谈判因一点点小事而失败，那么，不利的是我们广东玻璃厂，但更重要的是欧文斯公司也将蒙受巨大的损失。这损失不仅是生意上的，更是声誉上的。"

这里，玻璃厂代表没有直接提到谈判中最敏感的问题，也没有指责对方缺乏诚意，只是用"一点点小事"来轻描淡写地说明分歧，目的当然是冲淡对方对分歧的过度关注。同时，指出万一谈判破裂将给欧文斯公司造成巨大损失，这也是在替对方考虑。这一点，对方无论如何是不能拒绝的。

"目前，我们的确因资金有困难，不能全部引进，这点务必请欧文斯公司的朋友们理解和体谅，并且希望在我们困难的时候，你们能伸出友谊之手，为我们将来的合作奠定一个良好的基础。"这段话中，值得称道的地方就是，将对方当作朋友，将生意当成是朋友之间的互相帮助，让对方感到应该多为朋友考虑。

经过迂回谈判，玻璃厂终于打破僵局，顺利签订了协议。

在实际的谈判过程中，适时地偏离一下主题，也是谈判中的一种策略，以退为进，在小事上让步，才能让对方做出更大的让步。

第十六天　谈判中的提问

谈判中应适当地提问

在谈判过程中适当提出一些问题，可以从中知道对方有哪些需要。

谈判的重要手段就是提问。在听的过程中不断提问，不仅可以引起对方的注意，引导他思考的方向，而且还可以获得自己想知道的信息，在提问的过程中尽量让对方提供自己未掌握的资料；可以传达自己的感受，引起对方的思考；可以控制谈判的方向，使话题趋向结论。

提出问题，应该事先让对方知道你想从这次谈话中得到什么。如果他明白了你的意图，他可以有的放矢地做出回答，你也就可以掌握大量信息。

那么，谈判中提问都有什么功能呢？

第一，引起对方的注意。谈判过程中提问的功能在于，既能引起对方的注意，又能将对方的思绪集中在与你的交流中。

第二，可获得需要的信息。这种提问往往都会有一些典型的前导字词，如："谁""什么""什么时候""哪个地方""会不会""能不能"等。

在发出这种提问时，谈判者应事先把自己如此提问的意图示意给对方，否则，很可能引起对方的焦虑。

第三，借提问传情达意。如："你真的有信心在这里投资吗？"有许多问话，表面上看来似乎是为获得自己期望的消息和答案，事实上却同时把自己的感受或已知的信息传达给了对方。

第四，引起对方思绪的活动。推销员可以通过提问的方式，让对方的思维跟上自己的思维，这时候推销员经常会用到的谈话词语有："如何""为什么""是不是""会不会""请说明"等。

第五，做谈判结论用。借着对客户的提问，使推销员能得出想要的结论。这时候，推销员就可以说："该是决定的时候了吧？""这的确是真的，对不对？"

推销员应该牢记，谈判提问切忌随意性和威胁性。从措词到语调，推销员在提问前都要仔细考虑。提问恰当，有利于驾驭谈判进程，反之，将会损害自己的利益或使谈判节外生枝。

有导向性的提问

推销员在进行推销时要使用有导向性的提问，就是指提出有目的的引导性问题，使对方逐渐接受自己的观点。例如，一个采购经理多次拒绝与一个推销员的会面，于是这位推销员就向那位经理递过去一张纸条，上面写道："请您给我 10 分钟好吗？我想就一个生意上的问题征求您的意见。"纸条引发了采购经理的好奇心："他要向我请教什么问题呢？"同时也满足了他的虚荣心："他向我请教！"这样，推销员就很有可能被邀请进办公室。

有一位高明的汽车推销员在向客户推销汽车时就经常使用这种方法。

"××先生，只需付 157500 元，这辆车就归您了。您看怎么样？"

此时客户并不能轻松地做出决策，他也许需要时间考虑考虑。但是这位推销员通过和客户进行下面的一段对话，卖出汽车就顺理成章了。

"您喜欢两门的还是四门的？"

"哦，我喜欢四门的。"

"您喜欢这几种颜色中的哪一种呢？"

"我喜欢红色的。"

"您要带调幅式还是调频式的收音机？"

"还是调幅的好。"

"您要车底部涂防锈层吗？"

"当然。"

"要染色的玻璃吗？"

"那倒不一定。"

"汽车胎要白圈吗？"

"不。谢谢。"

"我们可以在 10 月 1 日，最晚 8 日交货。"

"10 月 1 日最好。"

在提出了这些客户很容易做决定的小问题后，这位推销员递上订单，轻声地说："好吧，×× 先生，请在这儿签字。现在，您的车可以投入使用了。"

在这里，推销员所问的一切问题都是假定对方已经决定买了，只是尚未定下来买什么样的。

在保险行业中，这种方法同样适用：

"我们要将您的妻子登记为受益人吗？"

"当然是。"

"您喜欢怎样的缴费方式，是按年交、按季交还是按月交呢？"

"按季交。"

"附加保险费您想免缴吗？"

"当然不。"

"意外死亡保险您想免缴吗？"

"也不。"

"那么，您请签字吧！"

推销人员在进行推销时，在假设对方已经同意这次生意的前提下对其进行引导，这样就会简单很多。

常用的四种提问方法

作为一个推销员，在工作的时候主要是通过交流来完成业绩，所以提问对于一名推销员来说尤为重要，这一点毋庸置疑。但是只知道要提问还是远远不够的，推销员要详细了解关于提问的种类，这样在以后的交流中才能运用自如。下面我们就来谈一谈提问的种类和适用对象的问题。

第一，指向性提问方法。通常以"谁""什么""何处""为什么"等做疑问词，主要用来向顾客了解一些基本事实和情况，为后面的说服工作找到突破口。

如"你们目前在哪里购买零配件？""谁使用复印机？""你们的利润政策是怎样的？"等等。指向性问题的提问目的十分清楚，也比较容易回答。

第二，主动式提问方法。推销员通过揣测把主要思想以提问的方式表达出来，客户会对这些问题给予一个明确的答复，以推动推销活动继续有效进行。

有一家洗发水公司的推销员问："现在的洗发水不但要洗得干净，而且还要有一定的护发功能才行，是吧？"客户回答："是的。"推销员："为了能够护发、养发，就要合理地利用各种天然药物的作用。在洗发的同时做到护发、养发，这种具有多种功能的洗发水您愿意用吗？"客户："愿意。"

第三，反射性提问方法，也称重复性提问方法，即以问话的形式重复顾客的语言或观点。

例如："你是说对我们提供的服务不太满意？""你的意思是，由于机器出了问题，给你们造成了很大损失，是吗？""也就是说，先付50％，另外50％货款要等收货后再付，对吗？"

这类问题首先具有检验作用，即检验推销员是否正确理解了顾客的观点。如果理解有误，顾客会指出错误。

第四，选择式提问法。推销员在进行推销时，要将产品可能引起的异议进行分类，在介绍产品时方便对客户进行提问。这种方法可以让推销员更快捷地明白客户不选择购买的原因，也让推销员找到可以提升的地方。

比如：推销员在向客户推销产品时可以这样问："你好，我们的产品有哪些地方不太符合您的需要呢？是样式、体积、重量还是口味……"

采用正确的提问方式，是促成交易非常重要的一环，这也是每个销售员应该学习并掌握的。

提问要体现价值

推销员在进行推销的时候要想将提问的作用发挥到最大，在推销之前就要做好充足的准备：自己可能会问一些什么样的问题？客户会怎样回答？在自己提问过程中，客户会有什么样的反应，能成功吗？……同时，在你谈判的不同阶段，提问的方法也会有所不同。

比如，一位销售员第一次拜访顾客，他希望顾客对自己的产品感兴趣。这位幸运的销售人员遇到了一位愿意参与对话的顾客。但不幸的是，在推销泛滥的时代，人们脑海中根深蒂固的恶劣的销售代表形象，最终使他失去了推销成功的机会。

一份关于公众对销售人员评价的调查报告显示，人们最讨厌的销售人员的形象是：一见面就喋喋不休地谈自己的公司与产品，千方百计想向顾客证明自己公司与产品的实力与价值。

销售失败的主要原因是顾客控制了局面。在整个会谈中，顾客成功地控制了会谈节奏，并最终轻松摆脱了销售人员。为什么会这样呢？因为销售人员一直在被对方的问题牵着走。

推销过程中提问的价值主要体现在：

1. 建立差异。当大部分销售代表通过吹嘘来证明自己的时候，通过提问来与顾客进行会谈的销售行为变得稀缺。其实，关心顾客是推销员推销自己的最佳方式之一，推销员可以通过提问来表示自己对顾客的关心。

2. 转移焦点。推销员在提问的时候应该将重心、焦点都放在顾客身上，而不是以自己为中心。这样的推销员才会受到顾客的喜欢，得到顾客的信赖。

3. 获得资讯。只有获得充分的资讯，推销员的提问才可以从顾客身上获得回报。

提问虽不是万能的，但在销售过程中，提问却起着越来越重要的作用。销售员应注意，只有在恰当的时间段采用正确的提问方式，才能达成更多交易。

最受欢迎的提问方式

推销员在进行推销的时候总是通过一个问题来引出将要问的其他问题。当然这些其他问题都是根据顾客的实际反应再提出来的，这样就可以顺利接近客户。当然推销员还有其他的方法来接近客户，比如通过一连串客户无法回答的问题来使对方无法回避等。不同的方式、目的都是为了达到好的效果。

"您的生意规模近几年发展得很快。您想过没有，使用自动化生产设备对您目前的生意状况将会有何影响？"

推销员的这个问题引起一家发展中的制造公司的总裁提出新问题："我不知道。我的生意必须达到多大规模呢？"

接下来当然就是正式的推销面谈了。

某自动售货机制造公司指示某推销员出门携带一块两英尺宽、三英尺长的厚纸板。见到客户，他就将厚纸板打开铺在地面或柜台上。纸上写着："如果我能够告诉您怎样使这块地每年收入 250 万美元，您会不会有兴趣呢？"

向顾客提问时，虽然没有一个固定的程序，但一般来说，都是先从一般性的简单问题开始，再逐层深入，以便从中发现顾客的需求，创造和谐的推销气氛，为进一步推销奠定基础。

先了解顾客的需求层次，然后询问具体要求。如顾客的需求层次仅处于低级阶段，即生理需求阶段，那么他对产品的关心多集中于经济耐用上。提问时要注意避免争执，而且不要唠叨。

当然，推销员的提问还可以起到以下几种作用：

第一，找到推销中的突破口。

第二，能帮助对方认清他的需要，并帮助他得到它。

第三，让对方感到受重视，并让他认为你是站在他的立场上来考虑这个问题的。

第四，帮助对方理清思路，让你的想法变成他的。

推销员选择受顾客欢迎的提问方式提出问题，只要问题得当，都会引起顾客的兴趣，从而引导顾客去思考，进而顺利转入正式面谈阶段。

谈判中的发问技巧

在推销过程中，提问是很重要的一项内容。可以引起客户注意的方式就是边听边问，这能为对方的思考提供一个方向；一个有技巧的提问不仅可以使推销员获得自己不知道的信息，还可以让客户向自己提供自己以前不了解的资料；尽量让对方传达自己的感受，引起对方的思考；可以控制谈判的方向，使话题趋向结论。

谈判中的提问形式有这么几种：

第一，限制型提问。提问者在发问时有意识地把对方的答话限制在对自己有利的范围内，使对方很难对提问表示拒绝或不接受，这就是限制型提问。它对提问者较为有利，是谈判中常用的方式。

最为谈判专家津津乐道的例子是：某家小店的顾客中有人喜欢在咖啡中加鸡蛋，于是侍者在卖咖啡时总要问："加不加鸡蛋？"专家建议侍者把问话改动一下，变为："加一个鸡蛋还是两个？"很快，鸡蛋销量大增，小店收入也大大增加。

第二，婉转型提问。这种提问是用婉转的方法和语气，在适宜的场所向对方发问。进行这种提问是因为没有摸清对方虚实，先虚设一问，投一粒"问路的石子"，既避免对方拒绝而出现难堪局面，又能探出对方的虚实，达到提问的目的。

例如，谈判一方想把自己的产品推销出去，但他并不知道对方是否会接受，又不好直接问对方要不要。于是他试探地问："这种产品的功能还不错吧？你能评价一下吗？"如果对方有意，他会接受；如果对方不满意，他的拒绝也不会使双方难堪。

第三，攻击型提问。当谈判双方发生分歧时，有时出于某种策略，要显示己方的强硬态度；或者要故意激起对方的某种情绪，就可以使用攻击型提问。这样的结果更多是使双方的情绪产生对抗与语言冲突。例如："我倒是想问你一句，你这么说到底是什么用意？……如果我们不想接受你们的建议，你们会怎么办？"

由于攻击型的提问是带有一定的不友好态度的，所以在实践中要注意使用方式。

第十七天　推销有禁忌（一）

切忌敲开门就直奔主题

一些销售员总是敲开门就直奔主题，滔滔不绝。开门见山虽是达成目标最直接的办法，但在推销中却是第一个禁忌。一个聪明的销售人员要学会掌控局面，不要只站在自己的立场上说个不停，也不要出现冷场。

推销员：上午好，陈先生，非常高兴见到您。

陈先生：你好，有什么事吗？

推销员：陈先生，我今天拜访您的主要目的是给您带来了我们的最新产品——高智能A100型设备。我知道您一定很希望您的企业生产商品时能够降低成本，提升收益。

陈先生：是啊，那你们公司的产品性能如何呢？

推销员：陈先生，这项设备引进的是德国SA技术，它的制造效率是普通设备的2倍，并且比一般设备的能耗低20％。此外，它还安装了自检系统，因此，就不需要安排大量人工检查维修，节省了人力成本。您觉得怎么样？

陈先生：不错，那这款产品已经应用在哪些行业呢？

推销员：主要是挖掘机制造、油田开发等领域。

陈先生：这套设备大概需要多少钱？

推销员：仅需要 20 万元人民币。

陈先生：是吗？我知道了。这样吧，你把资料放下，我先了解一下，回头给你电话。

推销员：陈先生，我们公司的设备曾荣获国家设备制造金奖，每年销售达到 5000 万元人民币呢。

陈先生：我知道了。我们领导班子需要研究一下才能给你电话。再见。

推销员：唔？……

销售人员失败的一个主要原因往往就是这种情况——被顾客控制了局面。在整个会谈中，顾客成功地将会谈节奏控制住，轻而易举就摆脱了推销人员。原因是什么呢？因为销售员在推销中一来就直奔主题，并且一直不停地说，有时人际交往中也存在这种现象。要明白的是：不要一上来就单刀直入地直奔主题，并且喋喋不休，而要学会尽可能地掌握住局面。显然，案例中的这名推销员并未认识到这一点，因此败下阵来！

说话不要东拉西扯没有重点

在与客户沟通的过程中，销售人员对于什么该说、什么不该说应该有清楚的认知，一定要掌握好洽谈的重点，切忌偏离推销工作主题，东拉西扯，不着边际。

在实际的推销过程中，很多销售人员不能对客户特别关心的问题给予及时准确的回答，更不用说"想客户之所想，答客户之所问"了。他们不是充耳不闻、轻描淡写，就是回答笼统含糊、答非所问。究其原因，无外乎以下几点：粗心大意，忽略了客户所关注的问题；对客户的问题不够重视，甚至认为是多余的；认为客户的问题很简单，泛泛之谈就足以说清；怕引起客户的疑虑而有意回避。

看看下面这个案例：

李先生平时工作比较繁忙，很少有时间照顾家庭。前不久，一次意外事故使她的女儿被暖气中的热水烫伤了，他怕家里的取暖设备再出故障，就决定安装一台家用中央空调。针对他的这种情况，请看推销员是如何进行推销的。

推销员对他说："先生，如果使用中央空调的话，不仅非常舒适，而且也很安全，只是价格稍微贵了点……"

李先生说："价格贵点倒没什么，不知道这种空调到底能够安全到什么程度？"

"这你放心，我们中央空调还从没出过事呢，使用过的客户对它都非常满意！并且我们还负责上门安装和提供其他的一些配套服务。"

"这都好说。"李先生还是不放心，"从来没用过，不知用起来到底怎样，会对孩子安全有益吗？"

上面这位客户对产品的要求主要体现在安全问题上，而并非是价钱、安装、配套服务等。但是推销员却并未及时关注到这一问题，而是以自己卖出产品为目的，一直就安全性之外的问题盲目地描述，根本不能抓住客户关注的重点。

在与客户沟通时，销售人员要判断出客户关注的重点问题，这可从客户的言语及表情中得到信息，进而根据重点问题有针对性地进行解答，切忌不着边际，泛泛而谈。

切勿语言华而不实

很多人都认为在推销过程中口才的作用非凡，但在判断一个人能否做好推销工作方面，口才并不是唯一的决定因素。其中的原因是，不管推销员将产品描述得多么完美，甚至让顾客产生了迫切的购买欲望，但在未见到产品之前，他们同样不会做出决定。很少有顾客会在没有见到产品前，仅凭推销员的一面之词而决定购买。

有位儿童用品推销员想给一家商场推销一种新型铝制轻便婴儿车。

他走进这家商场的商品部，发现这里经营规模较大，各类童车一应俱全，是在他所见过的百货商店里最大的一个营业部。他在一本工商业名录里找到商场负责人的名字，当他向女店员打听负责人工作地点时，女店员说他在后面办公室里。于是这位推销员来到后面。

当他跨进那间办公室，商场负责人就问："喂，有何贵干？"

　　"您好，我们厂新推出了一款新型婴儿车，我想你们商场很适合进一批。"推销员赶紧说。"带样品了吗？"负责人问道。"没有。不过您放心，我们这款婴儿车全部采用新型铝材制作，结实耐用，安全性能很好，而且轻便……"没等推销员说完，负责人打断说："我需要看到真实的产品！""可是……"推销员还想介绍他的产品，那位负责人不耐烦地说："我们现在不想再经销新的品牌，你请回吧！"

　　一般来说，人们在决定购买之前总希望彻底了解商品及其各种特征，包括产品的用途、性能、造型、颜色、味道、手感等。有些顾客还喜欢亲手触摸和检查产品，甚至动手试试，或者干脆拆开，看个究竟。消费者的上述心理正是产品接近法得以运用的原因。产品接近法是推销员为顾客创造了一个亲自体验产品的条件，顾客借助其视觉、嗅觉、听觉、味觉、触觉来体验产品，好的产品能将顾客的注意力成功吸引住。所以，真正成功的推销不是靠华而不实的语言，更多的是靠实实在在的好产品。

切忌精神涣散

　　以心不在焉、精神涣散的状态接待顾客触犯了推销的大忌。面对一个目光无神、词不达意的推销员，顾客不仅很难对产品产生兴趣，还会感到推销员缺乏诚意。所以说，在工作中做到精神集中、精力集中对推销员来说至关重要。

成功的推销员乔·吉拉德是这样说的：推销时要精力集中。一旦我的眼睛正视着顾客时，他一定会感到我的注意力集中在他身上。我把别的一切杂念都抛在脑后，我不允许任何想法来分散我的精力。从我和顾客握手做自我介绍的时候起，没有什么能把我的眼光从顾客身上移开。

即使有五辆消防车在门外呼啸而过，我也不会转过头去。我曾看见别的推销员听到警报声或撞击声就冲到窗户边去；我还看见有的推销员欣赏某位美丽的顾客小姐时，眼珠都快鼓出来了！要是我生活在西海岸的话，即使发生大规模的地震，我也不会因失去镇静而丢弃我的顾客。

几年前，一位年轻的推销员请我观察她做一次推销。"我一定做错了什么，乔，"她说，"可我就是不知道错在哪儿。"

我发现她在整个推销中没有说错任何话，推销进展也顺利，她自己的自信程度也很高，可是最终却未能使生意成交。

"乔，我做错了什么？"她问我，"那人想买一辆新车，而且他也买得起，我的推销似乎也不错，可……我到底哪儿做得不对？"

"路西，你做得对，你做的所有事都对，可是你犯了一个致命的错误。我想你自己肯定都没有意识到。"

"是什么？"她急切地问，"我想知道。"

"我数了一下，你一共看了六次手表。你每次看的时候，你的顾客都有些不悦，总是沉默一会儿。他一定在心里想：'她可能把时间花在别人的事情上，而不想跟我谈话。'好了，就这些。他觉得你想尽快摆脱他。"

只有对一件事充分重视时，你才会精神集中、精力充沛，对方在你如此的精神面貌中才会感觉受到尊重，并乐于与你进行思想沟通。当顾客愿意接受你的思想时，你的推销工作才会更加顺利。因此，推销员应当清楚，控制局面最有效的方法和策略就是集中精神。

第十八天　推销有禁忌（二）

忽视信用的作用

要想促使推销成功，讲信用是一个基本因素，因为如果一个人失去信用，想必不会有人愿意和他打交道，进一步的交易关系也就无从谈起了。因此，在展示自己的语言技巧时，销售人员还应注意一点，要不断地去强调"信用"，尤其是与熟悉的客户交流时，这种信用更是成功销售的催化剂。

金克拉先生是美国公认的销售大王，也是世界上著名的励志大师。下面这则故事是他自述的一次买车的经历：

那天，经朋友介绍，我去一家汽车销售行找该车行的售货员查克。查克是个旧派风范的人，并且是个内向的人。当他为我打开车门后，他说："您必定是金克拉先生了。"

我回答说："是的，我正是金克拉。"

查克说："金克拉先生，我要告诉您，我认为您现在开的车子是我见过的最棒的车子，好看极了！"

查克问我："您是不是以优惠的价格买到的这部车子？"

我回答说："事实上正是如此。"

查克说："我敢打赌，这笔交易肯定对您十分有利。"

我说："查克，让我告诉你实情，我是以 7600 美元买到的这部车子。这车子可以跑30万千米，目前才跑了2100千米。"

查克说："这的确是一笔对您有利的交易。"

我看着他回答说："查克，让我告诉你实情吧。再过三周，我的家族将在密西西比州团聚，我觉得我应当开一部新的凯迪拉克去参加这次盛会。"

查克显然认为这是件好事，但他并未作出任何表示，当然他并不需要这么做。他只是取出计算器，开始进行估价，他的脸上依然带着那得意的微笑。

几分钟过后，查克将视线移到我身上，以兴奋的语气告诉我："金克拉先生，我有一个好消息要告诉您，因为您车子的状况良好，而我们又刚好有车子可以交货，您今天就可以以7385美元换得新车。"

我说："喔！喔！查克！这可是一大笔钱！"

查克回答说："金克拉先生，您认为这售价太高了吗？"

我回答他说："查克，这已经超过了我的预算。"

他直接又简单地问了我一个问题："金克拉先生，您认为多少钱才是合理的价格呢？"

我告诉他我愿花7000美元来更换新车，当然这还包括税金。

查克以惊讶的表情看着我说："金克拉先生，这是不可能的。首先，您要求我们降价385美元，然后您又提到税金，我们根本不可能接受您提出的价格。但是，金克拉先生，让我问您一件事情，如果我们接受您的出价，您准备现在就把我们的新车开回家吗？"

我回答说："我不会付给你7385美元，我只出价7000美元。"

我猜想他一定受过戏剧类课程的训练，他一点儿都没有笑。他简明地告诉我，他没有权利做这样的决定，现在他站到我的立场上，搭着我的肩膀说："我会告诉您我将怎么做。我去跟估价员谈谈，看看是否能为您争取一些利益。我会尽一切努力让您满意地开走我们的新车，我真的期望您买我们的车。在我去向估价员游说之前，让我确定我们之间沟通良好且没有任何误会，您出价的7000美元包含税金等所有的费用？"

我回答说："没错。"

于是查克走向估价员。3分钟后他朝我走来："估价员临时有急事回家去了，他要等到明天才会回来，您能够忍受这一夜的煎熬吗？"

第二天早上8点半，我刚到办公室后不久，桌上的电话铃声响起。电话是查克打来的，他对我说："金克拉先生，我要告诉您一个好消息，在跟估价员详细谈过后，我们决定以7000美元的价格让您更换我们的新车，税金等一切费用也包括在内。"

推销中切忌忽视信用，因为讲究信用是销售人员最重要的道德要素，只有遵守诺言才是得到客户信任的最有力武器。

过度坦诚

讲究策略在推销洽谈中至关重要，把握好洽谈内容的分寸就是其中一点。一个优秀的推销员曾给出这样的经验之谈：洽谈时要做到坦诚相见，使顾客充分了解你，提高自己在对方心目中的形象。但坦诚的程度要注意把握：我们要将80%的产品非关键性问题如实地、坦诚地告诉顾客，另外约10%做技术处理后委婉、变通地讲给顾客，最后的那最关键需要保密的10%则避而不答。

某纸制品厂的推销员正在推销一套包括纸杯、纸饭盒和纸盘的一次性纸餐具。这天，他向一家快餐连锁店总部的负责人介绍这些新产品，连锁店的负责人对此也比较感兴趣。

推销员将自己厂关于纸餐具的生产技术、生产规模、使用原料、卫生安全性、价格等做了热情的介绍，对方听后表示很满意，说先买一小批进行试用。推销员也非常高兴，但是最后他又补充了一点：因为目前技术尚不过关，所以纸杯不能盛高于80℃的饮料，否则会变形和破损；纸饭盒盛食物最好不要超过10小时，不然可能出现渗油和漏汤的问题。

推销员走后，快餐连锁店的领导层就开始议论了，有一部分人表示同意购进这家企业的纸餐具。因为一般来说，纸杯不会用来盛80℃以上的饮料，即便是热咖啡和热牛奶也没有80℃；纸饭盒都是随买随用，一般不会将食物盛在纸饭盒里超过10小时。但还是有人反对，他们认为既然纸餐具还没达到应有标准，那就不是最好的，为了本企业的形象着想，还是不用为好。

推销过程中出现这样的情况是非常令人遗憾的。表面上看，推销员是为了向顾客表明自己的真心诚意，才对顾客毫无保留，但事实上，推销员却忽视了洽谈策略和技巧的运用，坦诚过了度，最终导致失败。推销的目的就是成功说服顾客，但在不欺骗顾客的基础上，对于什么该说，什么不该说，推销员一定要有所衡量。推销员要学会保守商业秘密，对双方洽谈的内容要有所取舍，以进一步促成说服目的。

说自以为是的话

有些推销员往往自信过度、姿态过高，认为"该注意的"都已注意，其实这是自以为是、掉以轻心的表现。事实上这正是缺乏孔子"入太庙，每事问"的精神。如果你不能主动向他人请教问题，那么他人也不会主动向你提供帮助。

吉米是一个建筑设备推销员，拥有丰富的经验。他刚刚达成了一桩利润丰厚的买卖，正在沾沾自喜呢。他自豪地咧着嘴笑着，感谢客户的订货。

"你们打算怎么把你们的新吊装设备安装到我们的新卡

车上？"客户问道。

吉米的脸色一下子由晴转阴，脸上的笑容被惊讶代替了。"什么卡车？"他问。

"你难道不知道？就在上个星期，我们的车队刚刚添置了4辆新卡车。我想你们没有卡车生产线，是不是？"

吉米好像泄气的皮球一样，结结巴巴地说："哦，看来我们还没来得及谈论这个问题。本来我以为你们已经有了一个装备完善的新车队。其实，我们销售卡车已经一年多了，但我没想到贵公司需要购置新的卡车。我本来还计划等你们需要更换旧卡车的时候，再和你谈谈我们的卡车生产线……"

吉米无疑是一个很有经验的推销员，但现在他清楚地认识到：因为自己一时的自以为是，对客户的需求估计错误，在不知不觉中，导致自己与更大的一单生意失之交臂。

有些推销员声称自己非常了解顾客，这也就表明了，他其实已经停止继续学习推销新知识和技巧了。

事实上，当你听到一个销售人员说"我很清楚我的顾客对什么感兴趣，对什么不感兴趣，甚至他们对我的演示做出的反应我都能完全掌握"时，这个销售员完全是依靠自己对顾客的想象在进行推销，而不是以客户的真正需求为基础。所以，他是犯了自以为是的毛病，而把拜访顾客最重要的原则，即顾客利益至上完全忽略了。

忽略身边的"小人物"

顾客在购买和消费的过程中，做出的最终决定往往受站在身边的人影响。要想成功推销产品，一个聪明的推销员从不会将站在顾客身边的每一个"决策者"忽视。推销员会像对待"决策者"一样对待他们，尽量获得他们的帮助，促进交易的达成。

有一位专门推销办公用品的推销员章武。有一天，他到一家私营公司推销办公桌椅。走进经理室，经过秘书介绍发现，公司的主要领导差不多都在场。从公司总经理到后勤主管，总共七八个人。旁边还有一位正在东抹抹、西扫扫的上了年纪的老头儿。"这人可无关紧要。"章武心想。

章武为几位领导介绍了产品的样式、质量以及价格。由于章武所在的公司本来就有较高的商业信誉，很快，老总就显示出了购买意向。他告诉章武，如果质量检测合格，他会签订5万元的合同单。

"天啊！这可不是笔小买卖。"章武顿时热血沸腾，都快乐晕了。他一边连声答应马上供货，一边站起来和领导们一一握手，却未与打扫卫生的老头握手。

几个人又客套了几句，章武这才满心欢喜地走出了公司。

当章武再次来到该公司准备最后签订订单时，后勤主管通知他，他们已经不打算订购这批货了。

章武大吃一惊，忙问：“怎么回事？难道我们的产品没有通过质量检测吗？不可能啊，我们的产品没有问题的。”

章武紧接着又问：“您能告诉我具体原因吗？”

“哦，是这样，我们老总的岳父嫌你的报价太高，劝老总买了别家公司的，你就别在这里白费劲儿了。”后勤主管回答道。

“可是老总的岳父怎么会知道呢？”章武百思不得其解。

“那天，老总的岳父也在场，只是你没有注意他罢了。他就是你旁边那个老头。”

不论一个人住在什么地方，不论他是什么肤色、年纪多大、性别是男是女，不论他是怎样的穿着打扮，也不论他提出了怎样的问题和借口，想必没有人能准确判断出哪个客户是买主。所以，不要忽略身边的“小人物”。

第十九天　如何处理异议

销售是从客户的拒绝开始的

你想去拜访客户，对方却推脱说现在正忙；你想讲解产品，对方却毫无兴致。遭到一再拒绝时，你会有什么样的感受与反应？

有些人变得异常紧张，甚至将头埋到"沙土"中以获得"保护"；有些人会非常生气，或是变得伤感并停止与人交往，或者，干脆拿别人撒气。

美国国际投资顾问公司总裁廖荣典有个很有名的百分比定律。他认为假如会见10名顾客，只在第10名顾客处获得200元订单。那么怎样看待前9次的失败与被拒绝呢？他说："请记住，你之所以赚200元，是因为你见了10名顾客，并不是第10名顾客让你赚到200元，而应看成每个顾客都让你做了'200元÷10=20元'的生意。因此，每次被拒绝的收入是20元。当你被拒绝时，想到'这个顾客拒绝了我，等于让我赚了20元'，所以你应面带微笑地面对每一次拒绝。"

在推销过程中，顾客常提出各种理由拒绝推销员。他们会对推销员说"我不需要你的产品""我没钱""质量太差""价格太高了""我们已有供应商"等。据统计，美国百科全书的推销员每达成一笔生意要受到179次拒绝。拒绝无疑会给推销蒙上一层阴影，如果你无法克服拒绝的影响，势必导致推销的失败。

销售是易遭客户拒绝的工作。如果一名销售人员不敢面对客户的拒绝，那么，他就根本没有希望取得好成绩。面对客户的拒绝，销售人员只有抱着"一定会成功"的坚定信念——即使客户冷眼相对，表示厌烦，也要信心不减，坚持不懈地拜访客户，如此才能"精诚所至，金石为开"，最终取得成功。这要求我们正视遇到的拒绝和失败，拥有百折不挠的勇气，培养良好的心理素质。我们还要拥有十足的耐心，坚信现在的失败都是为日后的成功做准备。成功者与失败者的区别在哪里？就在于成功者比失败者永远多坚持了一步。

做好处理异议的准备

销售过程中，面对异议是再正常不过的事情，销售员首先要有这个心理准备。既然必须要面对异议，那我们总不能坐以待毙，所以要在之前做足准备，这样就能在客户提出异议时轻松应对。

要想在面对异议时不表现出紧张，最好的方法是"真正地不紧张"，通过认真准备我们可以达到这种状态。首先，你需要了解以下几点：

1.了解客户的情况。

2.清楚自己的产品。

3.了解竞争对手（客户有时候会将竞争对手当作异议）。

4.在客户说出来之前就知道他有哪些异议。

5.通过迅速思考知道如何应对所有异议。

知识不仅仅是一种力量，也是一种自信。身处熟悉的环境，或者有过成功的经历，我们就不会紧张。所以，我们要将如何处理异议转化为一种已知的"知识"，并成为我们能够控制的销售过程的一部分。做足准备，你就能掌控局势。

积极看待客户的异议

销售员要积极地看待客户的异议，必须对异议的价值有初步了解。

在销售培训中，培训师通常会提出这样的问题："你们喜欢异议吗？"台下通常是一片沉默，甚至还会听到叹息声，可见很多人都对异议心存恐惧。显然，他们对异议的价值并不了解。

看看下面的情景：

销售员："您准备提货吗？"

客户："我不打算这么快就采取行动，除非你能解决船运费用。"

客户的回答表明他准备购买或者愿意谈判。这个信号说明客户已经认可了你的产品，你只需解决细节问题就行了。当客户提出异议的时候你还是非常紧张吗？你的障碍在哪里呢？是担心客户提问了一些你无法回答的问题吗？

　　某个吸汗剂广告展示了这样一个场景：一个销售员紧张不安地等待着自己做介绍的时刻到来。然而，当他开始介绍的时候并没有出汗，因为（根据广告）他的吸汗剂起了作用。

　　如果你整天都听到"你的报价太高"或者"我从未听说过你的公司"这些话，你是否会变得紧张？如果你表现得消极或者自卫，就更加验证了客户的认知：产品存在某些不能买的理由。所以，在面对异议时，你要保持冷静，要有技巧地化解异议。

　　记住，对任何异议都不要急于辩解，而要保持冷静和镇定，或者至少用轻松和职业的语调保持常态。

善于辨别真假异议

　　客户在购买产品时通常会提出很多异议，这些异议有真有假。因此，推销员要拥有良好的洞察力，对客户异议的真假进行正确地辨别。

　　周楠在一家服装店做销售员。一天，一位女士到店里买衣服，在一阵挑选过后，她将目光锁定在了一条连衣裙上。

周楠看到后马上迎了上去。

客户："这条裙子多少钱？"

周楠："原价 499 元，打完折价格是 299 元。"

客户："299 元？那么贵。就这种款式和图案，没有什么特别之处，还是去年的款式，哪里值得了那么多钱。你们这里就没有今年新流行的款式吗？"

周楠："太太，橱窗里挂的是今年的新款。但是对您来讲不太适合，还是这款裙装比较适合您。"

客户："是吗？可是这个款式太陈旧了，能便宜点吗？"

周楠："太太，不好意思，不能便宜了。其实，您的皮肤比较白，这款裙装颜色很适合您。如果您喜欢流行款，那边也有很多。您可以看一下。"

客户："这些吗？我不太喜欢……"

客户异议有真有假，像上面情景中的客户提出的就是假异议。客户借口衣服图案太陈旧，希望用更低的价钱拿下看中的衣服。在购买产品时，为了达到某种目的，常有一些客户会利用类似的假异议。如果销售员不能分辨出这种假异议，就会掉进客户制造的陷阱，或是陷入被动。针对以上的情景，周楠可以这样来做：

客户："299 元？那么贵。就这种款式和图案，没有什么特别之处，还是去年的款式，哪里值得了那么多钱。你们这里就没有今年新流行的款式吗？"

周楠："太太，橱窗里挂的是今年的新款。但是对您来讲不太适合，还是这款裙装比较适合您。"

客户："是吗？可是这个款式太陈旧了，能便宜点吗？"

周楠："太太，这已经是非常优惠的价格了。看您的穿着，我想您应该是穿衣服很有风格的人，也很会搭配衣服，如果有适合自己的服装您肯定是不愿放过的。而这款裙装就特别能凸显您的气质。您可以来亲自感受一下，这里有试衣间。"

在销售过程中，想要知道客户的异议是真是假，销售员可以使用以下一些方法来辨别：

第一，认真倾听。人们在说出与内心想法不尽相同的语言时，不仅会表现出行为、举止上的变化，声音上的变化也会很明显，所以销售员要仔细倾听。

第二，仔细观察。一些人并不擅长掩饰，当说出有违自己内心想法的话时，他们会表现出一些不自然的举止。与客户沟通的过程中，客户说话时的举止应是销售员多关注的方面。

如果销售员充分了解自己的产品，就会轻松破解客户的异议。因此，不管客户提出的是真异议还是假异议，销售员都要先练好基本功。

对客户的异议进行切割

在购买产品时，客户多少都会提出一些异议。如果客户提出的异议比较明确，那么销售员找到客户关心的问题会比较容易。但如果客户提出的异议较为含糊，无法直接体现客户的心理需求，销售员就需要把客户的异议进行切割，找出客户真正关心的话题，逐一进行解决。

这天，一位客户来到小陈负责的柜台前。根据这位客户的情况，小陈为他选了一部商务手机。但是这位客户对此似乎并不满意："这款吗？曾经听别人说过，但是好像性能不太好。"

"不会的，像这种知名品牌的手机在使用中几乎是不会出现太大问题的。手机质量包括售后服务都是可以保证的。而且我们店长也正在用这款手机，工作起来会方便很多。"小陈解释道。

"哦，是吗？不过我也不是总忙于工作，如果我在闲暇的时候拿着这样的手机会不会……"客户略有疑虑地说。

"我想您是在担心这款手机的娱乐功能对吗？"小陈问。

"是的，如果是其他时间用这个可能不太合适。"客户说。

小陈解释道："虽然这款手机被定义为商务款，但是娱乐功能也是很强大的。它有内置摄像头，镜头清晰，相片大小可调节，可以播放视频和音频，大屏幕非常适合欣赏视频、浏览图片及阅读电邮和其他短信，内置立体声可以让歌曲更加动听……这些兼具的强大娱乐功能绝对可以让您在工作之余享受到轻松和快乐，这也是我向您推荐这款手机的原因。"

听了小陈详细的介绍，这位男士很满意地点着头。

有时，客户的异议就在其只言片语中，销售员只有善于察觉，善于分析，才能有效把握客户需求，从根本上解决客户关心的问题。这样一来实现销售也就不再是一件难事了。

第二十天　如何处理拒绝

面对拒绝不要惊慌失措

奥城良治曾获得了日本日产汽车 16 年销售冠军的宝座，这一成功源自于他每日坚持不懈地访问 100 个潜在客户，对客户的拒绝从不畏惧，反而以此作为成功的基石。他对法兰克·贝格的故事非常欣赏。

法兰克·贝格被称为美国人寿保险行业的营销大王。有一次，他来到约翰·史卡特公司拜访史卡特先生。

"史卡特先生，我叫贝格，您曾向敝公司函索的资料，我给您带来了。"贝格递过去一张表格，表格上有史卡特先生的签名。

史卡特接过表格说："小伙子，我不想看什么'资料'，但我愿意接受贵公司分赠的备忘册。你们写了几封信来，称受赠名单上有我的名字，所以我在表格上签名寄回给你们。"

"史卡特先生，像您这么成功的人，除了事业和家庭外，一定还有其他的兴趣和抱负，也许是盖一座医院、投入公益事业或举办慈善活动，或其他有意义的事。您是否曾想过万一您不在了，您的赞助也随之停止。这不也意味着严重影响这些工作的开展吗？依据我们的计划，您无论是生是死，都可以继续赞助这些慈善事业。7年之后，您每年都可支领5000美元，分别每月以支票兑领。若您不需要这些收入，也就罢了但若届时您用得上这笔钱，您会非常愉快满足的。"

"的确，我在国外建了3座教堂，我每年投入巨资在这些最重视的工作上。你刚才说到什么计划？它可以帮我支持这些工作，即使在我死后？你又提到了7年之后，我每年可有5000美元的收入，那我现在得花多少钱买保险呢？"

当贝格告诉他保险金额后，他似乎吓了一跳。

"老天！真想不到！"

贝格问起对方关于国外3所教堂的情况，史卡特对此津津乐道。贝格又问他是否亲自到那些教堂参观过，史卡特回答说不曾去过。但他告诉贝格，他的一个儿子和他的儿媳负责尼加拉瓜的教会工作，他打算秋天去探视他们。

贝格听得很专心，他接过话题说道："史卡特先生，您到尼加拉瓜看孩子时，如果您告诉他们您已做了周详的安排，即使您遇到任何不测，他们每个月仍可收到一张支票以开展教会工作，这么做您是不是很高兴？此外，如果您写信告诉另外两个教会同样的消息，他们也会非常高兴吧？"

史卡特再一次提到保险金额太高，贝格则提出更多的问题引导对方思考，引导对方谈及其国外3所教堂未来的命运。贝格最终成功说服了史卡特，他不仅承诺购买保险，还即刻支付了首期款8000多美元。

在推销中遭到客户的拒绝是很正常的事。客户提出的每一个拒绝并不一定都要处理，有时还可以试探性地假装未听到，用问题将他的注意力转移，这样或许就可让拒绝变成接受。当然，这也要视具体的情况来看。

客户为什么会拒绝推销

推销员被客户拒绝的借口很多，但那些经常听到的借口大致分为下面几种：

1.价格昂贵。

2.质量不佳。

3.服务态度差。

4.公司实力不行。

5.预算不足。

6.对已经使用或其他产品更加满意。

7.考虑一下，先看看情况。

不论客户因何而拒绝，也不管他用什么样的借口来拒绝，处理拒绝最重要的原则，就是必须剔除借口，找出对方拒绝的真正原因，而后对症下药，才可能化拒绝为接纳。

第一，对习惯拒绝的客户。这一类客户，不论你说什么，他都会反对。这时最好的对策，就是反问他"为什么"，这样对方就会说出心中的真实想法。例如客户说："你们公司不可靠。"你可以说："我们公司的信誉一向良好，请您说出我们公司哪些地方不可靠呢？"

第二，对有不愉快的被推销经历的客户。对讨厌推销员的这一类客户，应当用"是的……但是……"的应付技巧，设法改变他固有的印象。例如对方说："推销员胡说八道，都不是东西。"你可以说："是的，有些推销员为推销产品无所不用其极，但是我例外啊！"或者"是的，我不是东西，因为我是人啊！"

第三，对不了解产品好处的客户。对这一类客户，最好的方法就是，使用实物证明的技巧让对方了解产品的好处。

第四，对抗拒改变的客户。让客户做出改变非常困难。此时，推销员一方面要有心理准备与认知，即对方并不是拒绝产品而是拒绝改变；另一方面，要让对方清楚认识改变带来的好处。但是，要说服抗拒改变的客户，短期内往往效果不佳，要做好长期作战的准备，发挥"死缠烂打"的功力，以自己的韧性撼动对方。

销售员只有先了解客户为什么会提出拒绝，掌握每种类型的顾客的心理，才能更好地处理客户提出的拒绝与异议。

拒绝是顾客购买的前兆

越是优秀的推销员，接触的顾客越多，遭受的拒绝也可能越多。一般来说，推销员所遇到的拒绝可分为三类：

第一，理性的拒绝。

"因为……所以不买（不能买）。"

以某种程度的理由婉转拒绝，顾客自己出于理性的判断，而将其理由告诉我们。

第二，情绪化的拒绝。

社会上有不少人一看到推销员就火冒三丈。这种顾客的拒绝大都是情绪化的表现，理由更是荒唐。比如有些太太早晨刚跟先生吵架，而一肚子闷气正好发泄到倒霉的推销员身上了。

第三，纯粹是借口的拒绝。

对推销员最婉转的拒绝方式，也是最客套的借口："目前没有余款。""已经有了。""先跟先生商量再说。"

这些是较常见的拒绝借口，可以称之为公式化的客套借口。

其实，推销员与顾客接洽时，面对顾客的拒绝，不能有慌张、失望或颓丧的表情出现，而要积极地应对顾客的拒绝。

事实上，顾客本身是想购买商品的。虽然他们心中希望购买商品，但由于某种原因，他们选择使用"拒绝"的方式来求得推销员的一臂之力。拒绝的原因或许只有一个，或许有几个，而推销员的任务就是给予对方勇气，鼓励顾客鼓起勇气去购买。

当然，这不是说"无视"顾客的拒绝。顾客的拒绝有时是求助的信号，也是购买的前兆，只要推销员及时地伸出"援助之手"帮忙解决就对了。我们的援助就是适宜的说话技巧，有人称之为"击退拒绝的谈话术"或"处置拒绝的说话术"。其实对顾客的拒绝，我们只需给予"增加勇气的对话"，如此，所谓的拒绝、借口便可烟消云散，就能顺利地谈妥生意了。

积极应对顾客的拒绝托词

处理顾客的拒绝托词，是推销人员在成功之路上必须学会的。即使学会这种技巧也无法保证日后的推销就应对自如，当遇到极其难缠的顾客，也只能选择放弃。但是，如果你连处理顾客的拒绝托词都无法学会，要想成功则机会渺茫。

要想弄明白顾客拒绝你的真正理由，你就要与他对话，从他的语言、神态表情及身体动作等方面去猜测和分析。下面，我们介绍几种客户拒绝的原因：

第一个主要原因是顾客可能"没有钱"。这里又包含了一个识别问题。顾客说他"没有钱"，是真的呢，还是只是一个借口呢？这就需要推销人员的经验了。优秀的推销人员能一眼识别出顾客是真没钱还是假没钱。对于真的没有钱、又不能分期付款的顾客，就要立即中止推销。

第二个主要原因是顾客还没有发现自己有这种需求。有很多产品能给顾客带来许多好处，如节约金钱、节约时间，以及解决各种各样工作、生活中的问题。但是，顾客并不知道你的这个产品能给他带来这些好处，还没有发现他自己有这种需求。这类顾客就是我们进行推销的重点对象。

第三个主要原因是顾客对你的产品不了解。这里包括对产品的性能、功能不了解，或者是对产品的质量、生产厂家不了解等。

第四个主要原因是顾客无法对推销人员产生信任感。大部分情况下，推销员与顾客只是初次见面，顾客因缺乏了解很难建立信任感。

总之，在顾客提出拒绝时，你应该积极应对，而且必须公正地看待问题，如果可能的话，你要给顾客提供证据，不要仅仅依靠语言交流。你不要过早下结论，不要认为一旦被拒绝就卖不出去了。拒绝的真正意义，在于顾客给了你机会去弥补推销过程中的不足并去说服他们。

第二十一天 时机的掌握

提示顾客做出决定

很多时候，顾客会犹豫不决，不敢轻易地做出购买决定。这个时候，推销员就要运用适当的方法和策略，给顾客以提示、启发和引导，帮助他坚定信心，在适当的时候做出购买决定。

第一，向顾客做出请求。即在与顾客成功面谈的基础上，直接或间接地提出签约的请求。采用这种方法的基础是，顾客对产品的印象良好，但态度上又有些犹豫不决，暂时还不愿立刻做出购买决定。此时，达成交易就成为当务之急。如果推销员直接请求成交，则会产生趁热打铁的效果。

第二，引导顾客做出购买决定。即当洽谈进行到一定阶段，推销员已经激起顾客的购买欲望后，则应及时地向顾客提供多种选择，至少要使顾客在两种方案之中选择其一，引导顾客做出购买决定。多种选择的客观效果是把顾客的注意力从考虑该不该购买，引导到是选择购买甲还是选择购买乙的思路上。此时，如果不抓住时机，就有可能失去这位顾客，进而错过成交的机会。

第三，避免提起使顾客反感的问题。在引导劝说顾客实现成交的过程中，切忌向顾客发布"最后通牒"。这种做法往往会引起顾客反感，使他们感觉内心受到伤害，从而终止谈判，拒绝成交。推销过程中一定要尊重顾客，在谈话时，不要争辩和主动挑起争端，应避免使用带有挑战性的反问口气，多用商量性的肯定口吻，这样会使对方易于接受。

好的销售员都会在关键时候提醒客户做出决定，只有如此，才能抓住时机，顺利完成交易。

提出成交要求有方法

在推销员的各种技能中，"看准成交机会，随时促成交易"是最基本的技能之一。这种技能需要推销员有敏锐的感知力，能够迅速捕捉到成交的信号，在发现机会的时候主动出击，通过深入而有针对性的对话说服客户，最终促使交易达成。在客户通过多种形式表露出购买欲望时，推销员要善于抓住时机，给予适当的提示，以此加快和坚定客户的购买欲望和决心。

同时，在推销过程中，一些推销员抱有不良的心理倾向，不利于成交：

第一，推销员不能主动地向客户提出成交要求。有些推销员害怕提出成交要求，担心如果客户拒绝将会破坏洽谈气氛；一些新推销员甚至对提出成交要求感到不好意思。

第二，推销员认为客户会主动提出成交要求。有许多推销员误以为客户会主动提出成交要求，因而他们等待客户先开口。这其实是错误的。

一位推销员多次去一家公司推销。一天，该公司采购部经理拿出一份早已签好字的合同。推销员愣住了，问客户为什么这么长时间之后才做出购买的决定。客户的回答却是："因为你以前从没要求我订过货。"

这个事例告诉我们，大部分的顾客其实都在等着推销员先提出成交的要求。即便顾客有购买的欲望，如果推销员不主动一些，那么交易也难以达成。

销售员要懂得，提出成交要求，一方面存在着"机不可失，时不再来"的机会观点，但更重要的还在于对"适时"的要求，即把握最合适的成交时机。如果推销员错过了某个交易时机，应该耐心等待下一个机会，千万不可急于求成，在时机并不成熟时冲动行事，导致欲速不达。

抓住成交最佳时机

经过艰苦的努力之后，推销人员才能最终走到和顾客成交的阶段。每一个优秀的推销员都有自己独特的方法和获得成功的步骤，以使自己更早地和顾客达成交易。

推销员一定要明确知道自己交易的目的，要能把握好成交的最好时机，这样才能最终和顾客完成交易。

向顾客提出成交，要找出很好的成交时机，而找准很好的成交时机就要依靠销售人员敏锐的洞察力。因此在进行销售的过程中，销售员自始至终都要非常专注，了解顾客的一举一动，尤其是其所表现出来的肢体语言。

第一，顾客心情非常好时。当顾客心情非常愉快、轻松时，销售人员恰时提出成交要求，成交的概率会很大。例如顾客开始请销售人员喝杯咖啡或吃块蛋糕时，销售人员要抓住这样好的请求时机。此时，顾客的心情非常轻松，会愿意购买。

第二，介绍完商品后。当销售人员进行完商品说明和介绍之后，就应抓住时机，询问顾客需要产品的型号、数量或者颜色等特征，这时提出请求是成交的较好时机。

第三，解释完反对意见后。顾客有反对意见非常正常。当顾客提出反对意见时，推销员就需要针对顾客的意见进行解释。解释之后，推销员应该再征询顾客的意见，询问顾客是否完全了解产品说明，是否需要补充。一旦顾客对于推销员的解释表示认可，推销员就应该迅速抓住这一难得的机会，询问顾客选择何种产品。

成交对顾客而言，是购买到自己满意的产品；对销售人员工作的公司而言，则意味着营业收入的增加；对销售人员个人而言，物质和精神两方面都会有很大的收获。所以，成交的结果是顾客、公司、销售人员三方三赢。

达成交易的常用技巧

推销的最终目标就是达成交易，达成目标的时候是最令推销员高兴的时刻了。每一个推销员从开始接触潜在客户的时候就已经开始努力了，经过千难万险之后才获得了成功，谁不愿意好好享受这一刻呢？

下面是达成最后交易的常用技巧。

第一，利益汇总法。

销售人员："王总，这台普通纸传真机，能让您在收到的传真文件上轻松地批下各种意见，交由相关人员处理，解决了以往在热敏纸上书写的困扰；输出的纸张是固定的A4或B4规格，能改善目前规格不一的裁剪纸所造成的存档和遗失的困扰；30页A4的记忆存档装置，使得你不用担心纸张用完而收不到重要的信息。我们这台普通纸传真机能解决困扰您的问题。同时，价格方面您也是非常清楚的，我们给您的价格是最优惠的价格。是否能请王总在这份装机确认书上签下您的大名，好让我们安排装机的工作？"

利益汇总法是销售人员经常用到的技巧，特别是在做完产品介绍时，可运用利益汇总法向关键人士提出签单的要求。书写建议书做结论时，也可以运用这项技巧。

第二，前提条件法。这是一种在达成交易时常用的技巧。

它指的是在交易谈判中将双方当事人对于交易达成的前提条件进行明确和约定。

以下是前提条件法的一般方法：

提前策划：在进入交易谈判之前，双方应该充分准备并策划好自己的前提条件。

识别关键要素：确定交易中的关键要素和各方的核心需求，明确双方期望达到的目标和所能接受的底线条件。

协商和妥协：在交易谈判中，双方可能存在不同的前提条件。通过协商和妥协，双方可以逐步减少分歧，并找到共同的前提条件。

合法性和可行性检查：双方应确保所提出的前提条件符合相关法律法规，并且在实际操作上是可行的。

签署协议：在达成一致后，双方应当将达成的前提条件写入正式的交易协议中，并予以签署。

通过使用前提条件法，双方可以更清晰地了解彼此的期望和底线条件，从而提高交易谈判的效率和成功率。

第二十二天　成交策略

敏锐把握成交信号

"心理上的适当瞬间"是一个心理学名词，但是这个词用在销售工作中的时候，它就具有了一些特定的含义，是指顾客与推销员在思想上完全达到一致的时机。这个时机就是达成交易的最佳时机。如果推销员没能在这个特定的时机完成交易，成交的希望就可能会落空。

对"心理上的适当瞬间"的把握是至关重要的。把握不适当，过早或过晚都会影响交易。

成交信号是顾客通过语言、行动、情感表露出来的购买意图信息。有些是有意表示的，有些则是无意流露的，后者更需要销售人员及时发现。顾客成交信号可分为语言信号、行为信号两种。

1.语言信号

当顾客有心购买时，从其语言中可以得到判定。例如，当顾客说："你们有现货吗？"这就是一种有意表现出来的真正感兴趣的迹象，它表明成交的时机已到；顾客询问价格时，说明他兴趣极浓；商讨价格时，说明他实际上已经要购买。归纳起来，假如出现下面任何一种情况，那就表明顾客已产生了购买意图，成交已近在咫尺：

肯定或赞同。

参考意见。

请教使用商品的方法。

打听有关商品的详细情况。

提出购买细节问题。

提出异议。

和同伴议论产品。

问"要是……"的问题。

重复问已经问过的问题。

2.行为信号

细致观察顾客行为，并根据其变化的趋势，采用相应的策略、技巧加以诱导，在成交阶段十分重要。通常行为信号表现为：

点头。

前倾，靠近销售者。

触摸产品或订单。

查看样品、说明书、广告等。

顾客放松身体。

不断抚摸头发。

摸胡子或者捋胡须。

上面几种动作，表现的是顾客正在重新考虑推销员推荐过的产品，或者已经下定决心购买产品。总的来说，这些动作所表达的含义都是一种"基本上可以接受"的态度。

销售员应清楚地掌握这些信号，并在其出现时敏锐地抓住，只有如此，才能更好地掌握成交时机。

成交的基本策略

交易理论和交易技巧是一个推销员必备的素质，只有真正具有这些素质的推销员，才有可能获得成功。那么，成交的基本策略有哪些呢？

第一，密切注意成交信号，当机促成交易。实际推销工作中，顾客往往不首先提出成交要求，更不愿主动明确地提出。为了保证自己所提出的交易条件，或者为了杀价，即使顾客心里很想成交，也不说出口，认为先提出成交者一定会吃亏。顾客的成交意向总会通过各种方式表现出来，推销员必须善于观察顾客的言行，捕捉各种成交信号，及时促成交易。

第二，灵活机动，随时促成交易。一个完整的推销过程，要经历寻找顾客、审查顾客、选择顾客、约见顾客、与之面谈、处理异议、签约成交等不同阶段。这些不同的阶段是相互联系、相互影响和相互转化的。

第三，正确的成交态度可以排除交易的心理障碍。成交是整个推销过程中最重要的一环。推销员要保持正确的成交状态来消除成交障碍。顾客异议是属于顾客方面的成交障碍，也是比较明显的成交障碍，推销员可以利用有关销售技术和方法去加以适当处理，消除这些障碍。

第四，谨慎对待顾客的否定回答。成交是顾客的肯定回答，是顾客接受推销员及其推销建议和推销产品的行动过程。成交是推销员的根本目标。但是，大量的推销实例说明，一次性达成交易的概率是极低的，大概只能占到8%左右，而推销员被顾客拒绝的可能性却是极高的。然而，一次推销的失败并不表示整个推销工作都是失败的。推销员可以通过不断地反复推销来促成最后的成交。

推销工作的最根本目的是达成交易。作为一个优秀的推销员，应该有非常明确的推销目标，然后使尽浑身解数促使交易达成，只有如此，才能实现销售的目的。

双赢，最有效的成交方式

从交易双方的关系来说，销售的最终目的是使双方实现利益的共赢。可以说，达成交易的过程就是一个推销员与顾客之间相互满足利益要求、相互妥协合作的过程。如果失去了双方实现共赢的基础，整个交易就没有办法达成。

小林是一家电子配件公司的销售员。一天，他如约拜访了一位客户，与其洽谈购买事宜。在经过一番谈判后，客户对产品提出了异议。

客户："其实我和你们公司还是第一次接触，不知道你们的产品质量如何？"

小林："无论从产品质量上还是客户服务上，我们都是一流的，而且有许多大公司成为我们的忠实客户，这些都是有证可查的。对于产品质量，您大可放心。"

客户："你们的产品价格比其他同类产品要高出一截，这是为什么？"

小林："这种产品的价格在市场上长期以来一直居高不下，与其他公司相比，我们公司的价格实际上已经很低了。造成这种产品高价的主要原因是它的造价本身就高出其他产品，我们最起码要保证收回成本，所以……"

客户："如果这样的话，那么我们就觉得不太划算了，毕竟我们公司……"

不少销售员在谈判时都会犯这样的错误，即过于关注自己的销售目标，却忽略了对客户实际需求的考虑。针对以上情景，小林可以这样来做：

客户："你们的产品价格比其他同类产品要高出一截，这是为什么？"

小林："这种产品的价格确实要高于其他产品，这是因为它具有更卓越的性能，它能够为您创造更大的效益。与今后您获得的巨大利润相比……"

客户："你说得也有道理……"

在推销的过程中，要想和顾客完成交易，并且和顾客之间形成长期的合作关系，推销员就要在获得足够利益的同时尽量满足顾客的要求，尽自己最大的努力让顾客满意，让顾客也能获得更好的回报，实现真正意义上的双赢。

人为地制造紧迫感

人为地制造紧迫感，这是销售中很多商家或销售员比较常用的方法。

某企业的培训课程价格较高，学员的学习效果也非常好。该企业用了 5 年时间，从行业的中游水平发展为龙头企业，除了课程好、员工积极热情有干劲外，发展快的另一个原因就是他们善于制造紧迫感。

他们的课程平均一年多就会涨一次价格。在每次涨价之前，员工都会及时通知自己所有的客户。很多准客户已经对课程的介绍非常了解，只是还在犹豫是否去参加这么贵的课程。当听说课程很快又要涨价时，他们果断报了名。

让顾客做出交易决定的紧迫感，都是人为制造的，虽然如此，这种制造紧迫感的成交策略往往比较好用。销售员可以适当学一下。

第二十三天　成交技巧

把客户的问题或痛苦扩大

在推销保险或屋顶维修、设备维修等服务项目时，扩大痛苦的成交方法通常比较有效。

伊德·伊尔曼是美国最大的保险代理商。他曾经对他的客户说："格雷，无论您现在是怎么想的，我们今天都必须找到一个解决问题的方法来。您有两个选择，您自己看着办。一条是您同意投资3000美元购买保险，而这份保险将来可能被证明买得没有必要。虽然我们都不愿意犯哪怕是1美元的错，但是我相信您的生意和生活方式绝不会因为这点小错误而被根本改变。另一种选择是您迟迟不做决定、无动于衷，这样或许能节约3000美元。但是您想过没有？这样也可能导致您损失50万美元。难道您看不出现在要改正这个巨大的错误是多么的轻而易举吗？……尤其是当您处在生意发展最关键的时刻。"

出色的人寿保险代理商，也运用同样的逻辑推理去说服一位客户每周投资20美元购买5万美元的保险单。他说："这就好像是我的公司建立一笔替您保管的特别款项，总额为5万美元。您每付一次保险费，这笔钱就增多一些。做生意就应该有投入也有收益。我呢，就负责替您积累资金——每周只要 20 美元！

"但同时，我还要为您做些别的。等到有一天您需要提取保险定金时，我会把 5 万美元填在现金登记本上，还要在您的纳税一栏写上'免税'二字。到那时，您或许要挣 10 万美元，不，您可能得挣 100 万美元才能抵得上这笔免税的保险偿付费。"

一般来说，你问的扩大客户痛苦的问题越多，客户就越会把你视为顾问，视为救星，他会越觉得你的来访是在帮助他解决问题或达成目标。你可以在扩大客户痛苦的问题中加一些关键的词语，如："如果……会怎么样……""那可能会引起……""那会有什么样的影响……""这最终会产生什么样的结果……"

类似这些能够扩大客户痛苦的问题都能使得客户进行深度的思考和想象。你的推销过程就是要告诉他，这些看起来不起眼的小问题如果不能得到很好的解决，时间长了以后就会对他的工作、家庭、生活等各方面产生更大的不好的影响。当客户觉得他无法承受这些痛苦时，他就会选择购买。

两个神奇的成交技巧

推销员一定要拥有推销技巧，但是又不能沉迷其中，而且还要在不同的时机、不同的情况下合理地使用这些推销的技巧，盲目地使用推销技巧只会适得其反。不能否认的是，推销员需要运用一定的技巧才能达成交易，掌握了技巧，即便不能每次推销都签下订单，却可以在某些适当的时机帮你增加胜算概率，让成交变得更顺利。

第一，越难得到的越珍贵。越是不太容易得到的东西，人们越想得到它，这或许是人类的共性。

如果钻石与鹅卵石毫无区别，人们就用不着劳神费力去把它们筛选出来了。来之不易的东西具有诱惑力是因为它们不是人人都能拥有的。所以销售代表在使用这种技巧时就不应问客户："您想买吗？"而应该问对方有没有条件，够不够资格买。一旦处理得当，客户就会忘记自己本可以做不购买的决定，他们的脑子里塞满了能否买得起，是否有资格买的问题。

第二，刺激客户马上行动。这种技巧很简单。它可能是提供一种简易的付款计划，或给准客户一个价值不菲的免费礼物，或给他们安排立即送货，或其他一些鼓励准客户立即行动的附加服务。专业推销员这样做的目的主要是为了防止准客户将做决定的时间拖到明天或将来的任何一天，因为到那时，客户就可能改变主意。因此购买必须在现在完成。

漆料推销员所拜访的客户的这幢房子里外都需要进行一次彻底的刷漆保养。如果继续忽视，后果将会很可怕——整座房子的质量将会急剧恶化。而这位准客户则在拼命拖延。

推销员："您的这幢房子可是一大笔投资啊。"

准客户："当然啦，不过再加上花在这幢房子上的那些税、利息和保险，我现在再也不想为它多花一分钱了。"

推销员："今天的油漆拖延就意味着您不得不等到明年春天……"

准客户："我仍然可以等！我的钱不缺用场。"

推销员："当然，不过您知道，这个地方可怕的冬天能对这样一座没有很好刷漆保养的房子做些什么。去年的冻雨和大雪已经把这类房子损害得够严重了。"

准客户："去年冬天的天气的确恶劣，但是我看不到它给我造成了什么损害……"

推销员："没有看见？问题就在这里——它所造成的损害都是在您看不见的地方。"

准客户："没有这么严重吧，不然损害的地方会显现出来。"

推销员："这就是可怕的地方！它没有任何预兆，等您发现时，它已经弥漫到每一处。"

准客户："嗯，我想我还是可以再等上一年半载的。"

推销员："这取决于您。不过我要说明，等待会让您损失加倍。第一，您会拿到一个庞大的维修账单，大大超过现在这份工作的成本；第二，您不得不使您的投资贬值。"

准客户："嗯……我想不会……"

推销员："这两个损失您都可以避免。让我们看看为了把您的家保持在您希望的状态，我们能做些什么。我们可以为它提供必要的保护，使它在未来的几年里能够保持自己的价值，而且，我们还能替您节省来年昂贵的维修费用。"

当你做足了所有前期工作，却无法顺利完成交易时，不妨试一下这两个神奇的技巧。

交易中的"围魏救赵"

无论是什么事情，只要肯动脑筋，就一定能想到解决问题的办法。

有一户人家全家都移民到了国外，他们想把自己的房子出售，开价2000万元。他们将这件事情委托给一家房产中介公司之后，就出国了。

这家房产中介公司的员工接下这个项目后，积极地策划广告，宣传其地理位置的优越性、房间布局的合理性及配套设施的完善性，很快将房子推到了市场上。

两周后，来了一位买主，他对各方面的条件甚是满意，但只出价1800万元，这与2000万元相差很多。

业务员只有找屋主议价。经过3天的商议、协调，屋主终于同意将售价降为1900万元，但声明不再降价，否则立即解除合约。

售价1900万元与出价1800万元相比，仍有100万元价差。

鉴于卖方态度坚决，为了促成这项交易，业务员只好硬着头皮再回头找买方协调。费尽口舌，买方态度终于缓和，作出让步，同意再加价50万元，即总价1850万元。同时，为了表示自己购房的决心与诚意，还当场付了100万元的定金。

无巧不成书，就在交付定金的当晚，买方又来找业务员，告诉他说："一个月前我在别处看过另一栋房子，论各方面条件，都比我现在看好的这所房屋称心如意。只因为当时屋主不肯降价，几次交涉谈判未能成功，我只好放弃了。可谁知就在一个钟头前，那家中介公司突然打电话来告诉我，房主愿意依我的价格出售。可我今天已在你这付了定金，若房主仍不肯降价，我衷心地希望你能退回那100万元的定金。"

这突如其来的事情，可难倒了业务员。他基本上只是个中介性的角色，并无退款与否的决定权，除非房主接受买方的价钱后，又反悔不卖了，这样房主违约在先才能将定金退回。而眼前面临的情况是：一方言明不再降价，而另一方则声称打死也不可能再加价。业务员处在"夹缝"中，真是左右为难。解决问题的唯一办法，是尽快把信息传递给房主，由房主自行决定。

房主听到消息后，也犯了难。经过几十分钟的"深思熟虑"，房主终于同意以买方价格出售，若买方拒绝，则可顺理成章地将这100万元"纳入私囊"。

业务员把这一决定转告买方。买方很高兴，表面上却装出一副无可奈何的样子，申辩着："我其实比较喜欢的还是之前那套，但现在这套房的房主又同意了我的开价，如果不接受这项交易，我将会损失100万元。"

经过中介人在中间不断地周旋，买卖双方终于"勉强"成交，达成协议。

从这个案例的整个过程来看，好像买方受到了很大的损失，遭受了很多的无奈。其实，这一切都是买方在操控，他采用"围魏救赵"的谈判策略，以100万元定金为诱饵，又拿"前屋"之事作威胁，使得卖方陷入了进退两难的境地。最后，卖方被迫答应买方的要求，买方则实现了自己砍价的真实目的。

签约之后轻松交谈

如果推销员想让顾客的满意度更高，那么就要在签约后和顾客进行一次发自内心的交谈。这样的交谈是很重要的。这样的交谈不只是为了使客人满意，更重要的是为将来还有机会和这位客人交易建立良好的关系。

例如，推销员可以说："如果您发现产品有什么不满意的地方，请您立刻和我联络，我会尽快地来为您服务。保质期是一年，过了期限后，出现了什么故障，也请您和我联络，我一定会尽力为您服务。"

这是强调售后服务的话题，对签约后的客户而言，听到这样的承诺是他们最开心的。

成交之后该怎样离去呢？这里有两点要提醒我们的推销员特别注意。

第一，向可以签订合同的客户表示感谢，但不要过分地谢个没完。

缺乏经验的推销员，由于推销时神经十分紧张，签订合同后的主要感觉是：谢天谢地，洽谈总算结束了，合同总算搞到手了！由于感觉松了一大口气，他很容易不由自主地对客户流露出感谢之意，并且倾向于用连珠炮式的语言把压抑的情感发泄出来。

第二，不要采取高傲的不可一世的态度。有些推销员签订合同后的态度大变，好像是他把对方给打败了。如果是这样的话，对方定会勃然大怒，其结果不但是订单可能被取消，推销员也会被扫地出门，而且他将来也休想再和对方做成生意。

推销员访问时自然很重要，告辞时更加重要。被拒绝了，就立刻拉长脸，砰地把门关上，这是缩小市场的做法；签订合同之后，态度变得唯唯诺诺或不可一世，也是主动放弃市场的做法。

那么，怎样才能留下难忘的背影呢？以下是必须遵守的几个要点：

第一，即便顾客拒绝了你，你也要表示感谢，因为他肯把你的推销词听完，就已经很值得你表达谢意了。

第二，告辞的时候一定要恭恭敬敬。

第三，即将关门离开时，同样要向顾客表示感谢。

第四，关门的时候动作要轻，要有礼貌，绝对不能粗暴地把门关上。

签下合约以后，顾客和推销员一样会感觉轻松很多。特别是对在签约之前很难下决心的顾客来说，签约后可能会对推销员有更加强烈的亲切感。因此，签约后的轻松谈话，更容易增进与顾客的关系。

第二十四天　在成交中投入感情

真情是件奢侈品

下面是一个真实的故事。

有这样一位老人，他无儿无女，孤单一人，而且身体也不是很好，总是生病。他打算卖掉自己的房子，搬到养老院去。

老人要卖房的消息一经传出，买房者蜂拥而至。老人给自己的房子标价 10 万英镑，但人们很快就将它炒到 12 万英镑，而且价钱还在不断攀升。

老人静静地坐在沙发上，看着人们在他的房子里谈论他的房子，满目忧郁。是的，要不是身体不好，他是不会将这栋陪他度过大半生的住宅卖掉的。

这时，一个衣着朴素的年轻人来到老人跟前，弯下腰低声说："先生，我想买这栋住宅，但我只有 1 万英镑。"

"但是，它的底价就是 10 万英镑啊，"老人淡淡地说，"现在它已经升到 12 万英镑了。"

年轻人并不沮丧，诚恳地说："先生，如果您把住宅卖给我，我保证会让您依旧生活在这里，和我一起喝茶、读报、散步，天天都快快乐乐的——相信我，我会用我的整颗心来时时关爱着您。"

老人的脸上有了笑容。

突然，老人站起来，挥手示意人们安静下来："朋友们，这栋住宅的新主人已经产生了。"

老人拍着身旁这位年轻人的肩膀说道："就是这个小伙子！"

在众多的竞争者中，年轻人不可思议地赢得了胜利。

现代社会充满了各种各样的欲望，真情这种东西越来越难找到。在推销的过程中，如果你能更多地流露自己的真情实感，更多地用自己的真心实意去理解顾客、关心顾客，那么很多顾客都会感动。当顾客被你的真情打动时，他就会同意和你进行交易。

用真情实感做销售

在实际工作中，很多销售员都是为了销售而销售，但他们的实际业绩并不见得多好。因为，他们不懂得真正的销售要用真情实感来做。

特里是一家汽车公司的销售员，今天他要会面的客户琼斯先生是一家装修公司的老板，这已经是他们第三次会面了。

在琼斯先生家中，双方签订了合同之后，特里又很有耐心地向琼斯先生重复了一遍公司能够提供的售后服务和琼斯先生作为车主所享有的权益。然后，他很有礼貌地问："琼斯先生，我有一个私人问题想问一下您，可以吗？"

琼斯先生看了一眼特里，从沙发上坐直身子，说道："当然可以！"

"是这样的，我想问您，您为什么会和我签约？当然，我的意思是说，其他公司好的推销员很多，您为什么会选择我？"第一次问这种问题，特里觉得有点不好意思，略带歉意地望着琼斯先生。

琼斯先生爽朗地笑了起来，很高兴地说："年轻人，我果然没有看错人。"琼斯先生接着说，"你是我的朋友介绍的，他也在你这儿买过车，你该记得的。当时他就告诉我：'这小伙子很诚实，我信得过他。'我听了有点不以为然，你别介意，但我确实是如此想的。

"第二次见面时，你全力向我推荐了这款车。其实这款车我早就注意过了，我也听了不下6个推销员向我介绍这款车，但你又一次打动了我。应该说，这款车的性能、价位、车型设计等都比较符合我的要求，正在我犹豫之际，你又主动跟我说：'这款车许多客人初看都很喜欢，但买的人不算太多，因为这款车最主要的缺点就是发动机声响太大，许多人受不了它的噪音。如果您对这一点不是很在意的话，其他如价格、性能等符合您的期望，买下来还是很合算的。'其实是你的真诚打动了我。"

当你的产品确实存在一些缺陷时，不妨直接把这些缺点告诉顾客，让顾客自己决定是否能够接受这样的缺点。如果能够接受，他一样会签订合同。但假如你为了一时的利益将这些问题隐瞒下来，一旦被顾客发现，那就会造成无法挽回的损失。

坦诚相告商品的缺陷

坦诚地将商品的缺点告知自己的顾客，这也是一种很好的推销和成交方法。这种方法的要求是：在推销员和顾客开始交谈时，不能只是简单地将商品的优点告诉顾客，还要坦诚地将顾客可能介意的缺点告诉他。

做销售工作并不一定非要有三寸不烂之舌，不一定要将产品吹得天花乱坠才会成功，老老实实说出产品的优点和缺点，有时反倒能增添产品的魅力。

最动人的情感是诚信

人活于世，信用是非常重要的东西，没有信用的人将寸步难行。每一个人都要讲信用，做生意的人就更加需要信用了。一个不讲信用的人，终究会被人们抛弃，会被社会淘汰。下面就讲一个和诚信有关的故事。

有一年，有一个叫穆勒的人向友人借了 50 万元，他只有一句话："相信我，年底无论如何都还你。"

到了年底，他的资金周转非常困难，外债催不回来，欠款又催得紧。为了还朋友这 50 万元，他绞尽脑汁才筹足 25 万元。于是，他用自家的私房去抵押贷款，但银行评估房屋价值 30 万，只能抵押 22.5 万元。穆勒横下一条心，与妻子郑重商量后，把房子以 25 万元的低价卖了出去，终于筹齐了 50 万元。之后，一家人到市郊租了间房屋住。

朋友如期收回了借款，星期天准备约一帮人到穆勒家去玩，却被他委婉地拒绝了。朋友不明白平日豪爽的穆勒为何变得如此"无情"，便一个人驱车前去问个究竟。

当朋友费尽周折才在一间农舍里找到穆勒时，他的眼睛湿润了。他紧紧地拥抱着穆勒，一个劲地点头。临别时，他掷地有声地留下一句话："你是最讲信用的人，今后有困难尽管找我！"

穆勒想重振旗鼓，但是巧妇难为无米之炊。他抱着试一试的心理，找到了朋友。朋友没有嫌弃落魄的他，不顾家人的反对，毅然再借给他 50 万元。曾经溺过水的穆勒再到商海里搏击，小心谨慎而又遇乱不惊。两年后，他不仅还清了债务，而且还赚了一大笔钱。每当有人问他怎样起死回生时，他便会郑重地告诉对方："是信用！"确实，信用本身就是一笔财富，千万不要有意无意地丢弃了它。

如果你是一个信用很高的人，无论你现在处于什么样的境地，别人都会非常相信你，因为你有着非常重视信用的好名声。这样的好名声其实就是你最大的一笔财富。有了它，你可以积聚一群可以为你所用的朋友，也为你的生意打下了良好基础。

第二十五天　服务是最好的销售

最好的销售就是服务

　　一般而言，销售时除了讲究销售的产品质量以外，服务的态度与专业的能力也是非常重要的。现代社会，越来越讲究服务品质，所以，在竞争中，除了商品价格的竞争以外，就是服务竞争了。更多更好的售后服务，不仅会增加客户对产品的信心，还会吸引客户再次消费与主动推荐。例如，婚纱摄影礼服公司从拍照、摄影、礼服、车辆到结婚事项从头到尾的一条龙服务；又如汽车销售员除了卖车之外，保险、理赔、拖吊、维修、保养、改装等一应俱全，甚至连验车都服务到家。所以说，在成交前后，具备完整而热诚的服务，是业务拓展时重要的一环。

　　著名的销售员坎多尔弗十分注重成交后的服务，在他看来，"优质的服务就是良好的销售"。他说："要想与那些优秀的销售员竞争，你应多关心你的顾客，让顾客感觉到你这儿有宾至如归的感觉。你应该树立一种信心，让顾客永远不能忘掉你的名字，你也不应该忘记顾客的名字。你应确信，他会再次光临，他也会介绍他的同事或朋友来。能使这一切发生的方法只有一个，就是你必须为顾客提供优质服务。"

成交不是推销的终点

有一部分推销员会有这样一个误区：交易完成就是推销的终点了。他们认为一旦交易完成，也就意味着此次推销已经结束。实际上不是这样的。成功的推销员不会把交易完成看作推销的终点，就像原一平的名言："成交之后才是推销的开始。"

汽车推销大王乔·吉拉德是怎样做的呢？

乔·吉拉德在成交后依然站在客户这一边。他说："一旦新车子出了问题，客户找上门来要求修理，有关修理部门的工作人员如果知道这辆车子是我卖的，那么，他们就应该立刻通知我。我会马上赶到，设法安抚客户，让他先消消气。我会告诉他，我一定让人把修理工作做好，他一定会对车子的每一个小地方都觉得特别满意，这也是我的工作。没有成功的维修服务，也就没有成功的推销。如果客户仍觉得车子有问题，我的职责就是要和客户站在一边，确保他的车子能够正常运行。我会帮助客户要求进一步的维护和修理，我会同他共同战斗，一起去对付那些汽车修理技工，一起去对付汽车经销商，一起去对付汽车制造商。无论何时何地，我总是要和我的客户站在一起，与他们同呼吸、共命运。"

乔·吉拉德将客户当作是长期的投资，绝不卖一部车子后即置客户于不顾。他本着"来日方长、后会有期"的信念，希望将来客户为他辗转介绍亲朋好友来车行买车，或客户的子女已成年者，也来找他买车。卖车之后，总希望让客户感到买到了一部好车子。客户的亲戚朋友想买车时，首先便会考虑找他，这就是他贴心服务的目的。

乔·吉拉德说："我不希望只推销给他这一辆车子，我特别珍惜我的客户，我希望他以后所买的每一辆车子，都是由我推销出去的。"

有些推销员虽然也在尽自己最大的努力为顾客提供服务，他们也想获得更好的业绩和利益，但是，他们总是不停地在抱怨。当一单生意结束的时候，他们就迫不及待地开始下一单生意，殊不知，这样的奔波和劳累并不能取得更好的业绩。所以，服务才是最好的营销。

成交后的致谢环节不能少

对顾客表达谢意是向顾客展示内心世界的一种方式，能够使顾客感受到你的热情和真意。在一笔生意成交之后的一段时间里，推销员一定要想方设法地向顾客表达自己的谢意，以巩固自己的推销成果。而且，在向顾客确定他的交易意向的时候，一定要不动声色。

在一个繁华的十字路口，有一家糖果店。店里的生意很好，人们都愿意来这个店里买东西。但是奇怪的是，来的顾客都希望找一个叫莎拉的售货员，让她来服务。其他的店员很奇怪，就问她有什么秘诀法宝。是她每次都多给顾客一些糖果吗？

莎拉笑着说："我绝对没有多给他们，只是当你们在给顾客称糖果的时候，喜欢一开始多给，然后再一点一点地往回拿。我是先少给，然后再一点一点地往上添。"

从莎拉的故事中可以看出，如果把每次上秤的糖果，当成与客户的一次成交，那么在成交之后，客户更希望看到的是能够让他们安心的附加值，哪怕这个附加值是一个假象。所以在销售工作中，客户决定"买你的糖果"了，还不算真正的成交。要让你的客户看到安心的附加值，才能实现真正意义上的成交。

客户表示要购买并达成购买协议时，作为销售人员不要认为完事大吉可以不管不问了，应该及时地确认成交结果。在确认的时候，最好是以感谢的方式。只有在双方都确认的情况下，才能证明交易真的达成了。如果此时，客户觉得你达到了赚他的钱的目的后，就对他不再尊重和重视了，那么客户会产生一种失落感，有的客户会当即取消他的购买决定。

在与客户完成交易之后，要适当地表示对客户的谢意。这也是做好服务的一方面。比如说："谢谢您，王先生！您真是个通情达理之人，如果有什么问题随时联系我们。"或者你也可以送一些小礼物，比如送一束花、一套餐具，或者和客户吃一顿饭等来表达自己对于顾客的感谢。要注意的一点是，礼物不要太贵重，因为它只是表达你的心意而已。过于贵重的礼物不仅让你难以承受，也会让顾客不好意思接受。

培养一个好的服务习惯

王永庆是台塑的创始人，现在是台湾工业界的"龙头老大"，是非常知名的企业家。

15岁时，王永庆到一家米店做学徒。后来，他向父亲借了200元钱自己开了一家米店。在开店之初，王永庆思考了很多。那时周围的米店很多，要想凭知名度来打开销路是不可能的。细心的王永庆在米店当学徒的时候，就发现出售的大米里混杂着米糠、小石头等小的杂物，既不方便食用还不卫生。但由于当时的加工技术落后，大家也就见怪不怪了，顾客并不会因此拒绝购买大米。

就是这个小小的细节，让王永庆看到了商机。于是，他卖的米多了一道工序，就是挑出里面的小石头等杂物，这样的米不但干净了很多，而且不压秤，客户能得到更多的米。这一服务在当时可谓是出奇制胜，王永庆的米店生意非常好。

后来，王永庆又推出了送货上门、货款分离等服务。他给顾客送米上门的服务可是一条龙的：首先送货上门，然后帮助客户将米倒进米缸里；如果缸里还有陈米，就把陈米倒到新米的上层，这样米就不会因长时间放置而变质了。

他的这些服务吸引了众多顾客，有的顾客非他家的米不买，这是其他米店比不了的。直到现在，王永庆的企业中，"服务至上"的理念依旧传承，而且越做越好。显然，做好服务对于王氏企业而言，已经成为一种习惯。

每一个销售员都应该把为客户服务当成一种习惯。当你把服务变成一种自身的习惯时，就能用心对待工作并从工作中得到快乐，从而学习和积累更多的经验和知识。想要达到用优质服务推动产生良好效果并不是一两次服务就能够成功的，这需要长期地坚持和不断地努力。假如客户发现你一天一个样，没有固定的服务模式，那他们不但不会被你之前的举动感动，反而会因为你的捉摸不定而离你越来越远。

第二十六天 服务的重要性

重视和加强售后服务

作为一个推销产品的企业或者是推销员，一定要重视自己的售后服务情况。要经常和顾客沟通，看看他们有什么不满意的，或者是自己的产品有什么不对的地方，有时还需要亲自上门倾听用户的意见，并迅速反馈给有关部门，作为改进产品的参考和依据。

约翰买了一幢大房子。房子虽说不错，可毕竟是花一大笔钱，所以约翰总有一种买贵了的感觉。

几个星期之后，房产推销商打来电话，说要登门拜访，约翰不禁有些奇怪。

星期天上午，房产推销商来了。他一进屋就祝贺约翰选择了一所好房子。他跟约翰聊天，讲了很多当地的小故事。又带约翰围着房子转了一圈，把其他房子指给约翰看，说明约翰的房子与众不同。他还告诉约翰，附近几个住户都是有身份的人。一番话，让约翰疑虑顿消，得意满怀，觉得物有所值。那天，房产推销商表现出的热情甚至超过卖房的时候。

约翰对这件事记忆深刻。约翰确信自己买对了房子，很开心。

房产推销商用了整整一个上午的时间来拜访约翰，而他本来可以去寻找新客户的。他吃亏了吗？当然没有。一周之后，约翰的一位朋友来玩，对旁边的一幢房子产生了兴趣，约翰自然给他介绍了那位房产推销商。后来，朋友没有买那幢房子，却从他手里买了一幢更好的房子。

房产推销商的销售无疑是很成功的，他提供了很好的售后服务，不仅解除了约翰心中的疑虑，而且也为自己赢得了很高的声誉和更多的客户。

只有将售后服务放在一个重要的位子上，对它投注更多的注意力和精力，才能在顾客心中留下良好的印象，才能更好地将自己的产品推销出去。良好的口碑会在无形中帮助推销员或企业推销产品，为他们招来更多的顾客和"回头客"。

服务重于推销

顾客在购买商品的时候，希望得到的往往不仅仅是商品的使用性，还希望能得到优质的服务，他们很享受这个过程。所以说，推销员推销的商品除了应该具备良好的质量外，优质的服务也是必不可少的。

在一个炎热的午后，有位穿着汗衫、满身汗味的老农夫伸手推开厚重的汽车展示中心玻璃门。他一进入，迎面走来一位笑容可掬的销售员，很客气地询问老农夫："大爷，我能为您做什么吗？"

老农夫有点腼腆地说："不用。只是外面天气热，我刚好路过这里，想进来吹吹冷气，马上就走了。"

销售员听完后亲切地说："就是啊，今天实在很热，气象局说有32℃呢。您一定热坏了，我帮您倒杯水吧。"接着便请老农夫坐在柔软豪华的沙发上休息。

"可是，我们种田人衣服不太干净，怕会弄脏你们的沙发。"

销售员边倒水边笑着说："有什么关系，沙发就是给客人坐的。否则，公司买它干什么？"

喝完清凉的茶水，老农夫闲着没事便走向展示中心内的新货车，东瞧瞧，西看看。

这时，那位销售员又走了过："大爷，这款车很有力哦，要不要我帮您介绍一下？"

"不要！不要！"老农夫连忙说，"你不要误会了，我可没有钱买，种田人也用不到这种车。"

"不买没关系，以后有机会您可以帮我们介绍啊。"然后销售员便详细耐心地将货车的性能逐一介绍给老农夫听。

听完后，老农夫突然从口袋中拿出一张皱巴巴的白纸，交给这位销售员，并说："这些是我要订的车型和数量，请你帮我处理一下。"

销售员有点诧异地接过来一看，这位老农夫一次要订8台货车，连忙紧张地说："大爷，您一下订这么多车，我们经理不在，我必须找他回来和您谈，同时也要安排您先试车……"

老农夫这时语气平稳地说："销售员，你不用找你们经理了。我本来是种田的，由于和人投资了货运生意，需要买一批货车。但我对车子外行，买车简单，最担心的是车子的售后服务及维修问题，因此我的儿子教我用这个笨方法来试探每一家汽车公司。"

推销本身就是一种为客户提供的服务，而优质的服务就是最好的推销方式。只要推销员愿意为顾客提供更多的帮助，多做一些对他们有益的事情，就能营造一种更加友好的氛围，而这种氛围是顺利开展推销工作所必需的。

服务不能慢半拍

假如推销员没能兑现自己对顾客的承诺，没能为顾客提供适当的服务的话，很多本来对推销员很满意的顾客也很有可能产生不满甚至是后悔的情绪。很多推销员失去本来将要做成的生意，就是因为他们考虑得不是很周详，导致没能兑现自己的承诺。他们太忙于兜揽新的生意，而没有采取适当行动，处理上一单生意成交之后的细节问题。当然，他们最终也会因同样的原因而忽视那些新的交易中的细节。

对那些新顾客来说，推销员的这种做法很快就会使他们重新对自己所做的购买决定进行考虑。有时候，推销员的一些小小的疏忽都能导致顾客后悔，比如忘了递交产品小册子，忘了回电话，或者忘了及时发货，等等。对于推销员来说，这些细节可能是无关紧要的小事，但对顾客来说却不是，这种小事通常能导致顾客不悦，甚至使其一怒之下取消订单。推销员可能会因此而诅咒和指责顾客性急鲁莽。但是，事实却表明更加性急鲁莽的正是那些推销员！

记住，为顾客提供服务不能慢半拍。你应当与你的顾客保持经常性联系，一定要记住告诉他们各种相关的好消息、坏消息。当局势不妙时，很多推销员都羞于对顾客明说，这是一个严重的错误。一位出色的股票经纪人会这样对顾客解释说："×公司的股票今天下跌了两个百分点，但从长远看，我认为现在的损失您根本不用担心。"一家制造厂的销售代表会对他的零售商说："我今天跟厂里的头儿通了电话，由于原材料短缺，我们的生产进度已经慢了两个星期，但是我会全力以赴确保您能准时取货。"

只有极少数的顾客是不讲道理的，大多数的顾客都知道在出现的问题中有一部分是推销员或者推销员的公司无法控制的。他们也许只是需要推销员向他们通报一下，他们希望推销员能够坦诚相待。如果推销员不能做到这一点，那顾客就会结束和该推销员的合作关系。

为客户提供金牌服务

很多推销员在推销产品或服务时，从不设身处地地为客户着想。他们总抱着这样的心态："我对客户为什么要购买这些产品或服务一点也不感兴趣。重要的是，他们买了产品或服务，而我则拿到了佣金。"如此的心态，怎么能够培养忠实的顾客？

当一个推销员站在客户的立场上考虑问题时，他就能比较容易抓住推销的重点。一个成功的销售人员最重要的品质是保持积极的心态，积极主动、设身处地地为客户着想，站在客户的角度思考问题，理解客户的观点，了解客户最需要的和最不想要的是什么。只有这样，才能为客户提供金牌服务。

所有成功的人，或者说业绩突出的人，之所以成功，就是因为他们的价值观念、行为模式比一般人更主动，他们的心态比一般人更积极。请记住：只有为客户提供优质的服务，才能创造出优异的销售业绩，促成自我销售额的增长！

附加服务培养客户的忠诚度

美国著名作家、学者爱默生在文章《报酬》中写道："每一个人会因他的付出而获得相对的报酬。在生活中，每一件事情都存在着相等与相对的力量。"这句话的意思是，无论你付出的是多还是少，你得到的只能是与你的付出相对应的报酬。你今天获得的报酬就是你之前努力的结果，如果你想获得更多的报酬，那你就要付出更多的努力，作出更多的贡献。

保罗是一个为一家餐具和五金器具公司跑推销的推销员。从做推销工作的第一天起，他便细心留意自己业内的最新潮流和最新方法，并不间断地向他的客户传递关于如何在橱窗内以最佳的方式展示产品的信息。

如果他得知他的客户中有人正陷入旧的规则之中，或者客户的公司没有良好的商业制度，在不冒犯他们的情况下，他会非常谨慎地建议他们选购某些新的器具，这样做不仅可以节省开支，而且能够简化商业经营程序。或者他会向客户提供关于橱柜的一些新思想，或者建议他们选择另外某种可以省力省时、一旦选用就能够给他们带来便利的器具。

通过这种长时间的、友善的、不冒昧的方式，保罗用一条无形的纽带把客户和自己紧紧地联结在一起。曾经有其他的推销员看到保罗的业绩眼红，试图去拉拢他的客户，但是都无功而返，因为那些客户根本没有给其他推销员任何展示产品的机会。他们只愿意与保罗联系，一旦他们需要某种产品，他们会立刻想到保罗。

客户遇到难题的时候，其实就是你获得交易机会的时候。在面对这种情况的时候，你一定要好好思考，认真构思，想到一个为客户提供服务的办法，以此来提高你在客户心中的形象和地位，为成功的交易打下基础。你为客户提供的附加服务，能帮助你培养客户的忠诚度。

第二十七天　服务永无止境

销售员做好服务的五项原则

在推销的过程中，有很多公司通常会将那些因为钱花得值得而继续光顾下去的顾客忽略掉，这些公司往往难以取得较大的成功。而另外一些公司不仅能够满足顾客的要求，还能获得可观的收入，使得自己的业务蒸蒸日上。这些公司之所以出类拔萃，是因为他们投入精力和财力去实践一个理念——良好的服务就代表成功。

专家的告诫是：任何一家公司不管怎样有效地提供服务，都有必要对整体系统和流程再做评估，以保证对顾客服务的信誉。为此，他们必须牢记以下五点：

第一，服务是赚钱的关键。

好的服务会带来更多的生意，服务的品质往往是使某一产品在同类型产品中脱颖而出的重要因素。因此，服务其实是赚钱的一个关键。

消费者在选择商品时，经常会把服务的品质和产品本身的品质看得同样重要。研究调查指出，拙劣的产品是使买主止步的罪魁祸首，而差劲的服务则是第二号"凶手"。服务的品质不仅影响顾客对公司的印象，还会影响他们对产品的评价。

第二，好的服务是一种附加价值。

消费者经由公司所提供的信息、品质保证和定期保养等服务，能熟悉所购买产品的性能和特点，并能放心使用它们。这样的服务必有助于提高产品的附加价值。

消费者在购买东西时，总是无法避免地考虑这些额外价值。

第三，服务能制造销售机会。

购买产品的顾客很可能是个外行人，他们也许从不注意产品有关的新发展，或是产品的改良处。但是，一个优秀的推销员应当注意到顾客容易疏忽的地方，并给予他们应有的帮助。

顾客之所以选择某家公司，是因为他们觉得这家公司的产品能提供实质、有形的便利。每当公司针对顾客的实际需要而提出新点子时，就多创造一个销售的机会。在协助顾客的同时，公司也跟着一起成长。

第四，服务要发挥功效，有赖妥善的管理。

领导一家公司达成提供高品质服务的目标，需要有效率的系统和适时的资讯。公司只有先具备这些基础，方能确保政策付诸实施，同时取得所希望的成果。唯有如此，服务才会一致，问题才得以解决，职员们也能够运用恰当的资讯。如此一来，公司一方面能迅速地对顾客要求有所反应，另一方面还可控制支出。

第五，服务必须即时提供。

服务是一种需要迅速启动的行动。要知道，时间就是金钱，无论你想为顾客提供什么样的服务，最好是马上就做。

一家优秀的公司仅仅想着完成任务是不行的，还要建立完善的服务系统，这样才能更快地满足顾客的需求。

为顾客提供人性化服务

无论什么商品都需要良好的服务为它保驾护航。不管商品的质量和性能多么优良，如果没有完善的服务，顾客就不会真正满意。如果在服务方面有所缺陷，顾客的满意度就会下降，他们对于商品的评价也会因此降低。

需要记住的一点是，无论从事什么样的行业，人性化的服务永远都是一个最大的卖点。让顾客感受到你的优质服务，这会使他们有很好的消费体验，会觉得受到关注和尊重，也就为你的生意成功打下了良好的基础。

服务到底，负责到底

顾客们都知道，无论是什么样的产品都有可能出现质量问题，在顾客决定购买之前，他们就已经明白并且接受了这个事实。他们没有购买别人的产品而购买了你的，并不是相信你的产品不会出现问题，而是希望从你这里得到更加完善的服务。

海尔公司接到一个客户的投诉，说自己买的洗衣机才用几次就坏掉了。海尔公司赶紧派维修人员上门服务，但怎么检查都找不出毛病。

一旁的客户不停地抱怨着："你们的机器怎么这么快就坏了呢！"客户是一位偏远山村的老农，看得出来他很着急，也很想帮忙，却无从插手。

维修员一边检查一边礼貌地问："请问您是什么时候发现机器不运转了？"

客户："昨天呀。"

维修员："那么，您昨天在洗什么的过程中发现它不运转了呢？"

客户："唉，红薯不是刚刚丰收嘛，自己洗太累了，所以丢到洗衣机里面让机器洗。"

直到现在，维修员才弄明白是哪里出了问题。于是他检查了排水管，并清理了里面的泥土。

实际上，出现这样的问题完全是老农操作不当造成的，维修员完全可以不予维修，但是维修员并没有这样做。他很认真地帮助老农排除了故障，并告诫老农洗衣机只能洗衣服。正是这种服务到底的精神使得海尔公司获得了今天这样的成就。

心存感激，服务永无止境

拥有感恩的心是一个人的好品质。一个心存感激的人会在他每天的生活中看到较多美好的事物。如果你对你所得到的东西心存感激，那么你就可能得到更多值得感激的东西。

一个懂得感恩的人一定是一个成熟的人，一个温良谦逊而不鲁莽傲慢的人。中国人"饮水思源"的态度是很可取的人生哲学。在你的生命旅程中，你是否曾反躬自问：我对自己所拥有的一切都心存感激吗？

我们生活的世界上有80多亿人口，只有一小部分的人选择了和你做生意，只有一小部分的人成为你的客户。你是不是应该很好地珍惜这份缘分呢？

你的客户非常明智，因为他们选择了和你做生意，不是吗？你应该感谢这些客户，诚心诚意地感谢他们，赞美他们，祝福他们。你的感谢一定要真心诚意，否则他们会看出你的敷衍之意。

向客户表达"感谢"的方式很多：

客户能看到的每一个产品包装上都应该印上："非常感谢您选购我们的产品。"

亲手写感谢函，寄送给客户。

致电每一位客户，询问产品使用的情况，并且致谢。

客户拖延许久之后，终于付清账款时，应该写封致谢函。

回复每一位投诉产品问题的客户，针对客户的问题提出解决意见，并且感谢客户花费时间让公司发现这个问题。如果问题严重，应该上报公司高级管理人员并致电给客户。

即便你没有做成这单生意，你也应该写一封感谢信给对方，这会让对方记住你的善意，会觉得你是一个具有良好品质的人。在他下一次想要购买此类产品的时候，他会很容易就想起你，这为你下一次的生意开了个好头。

优质的服务，金牌业绩

时时处处将顾客的利益记在心头，设身处地地为顾客多想想，而不要总是想着你的订单，想着你的利益。多为顾客考虑，多想如何满足顾客的需求，这样才能和顾客更长久地合作下去。

积极地为客户着想，"以诚相待、以心换心"，是销售人员对待客户的基本原则，也是销售人员成功的基本要素。

想要创造出更加突出的销售业绩，就一定要为客户提供更多更优质的服务，要不断地利用良好的服务挖掘和维系客户。只靠销售前做好充分的准备工作和销售中费尽口舌的努力是不够的，在交易达成后，还要提供优质的售后服务才行。

第二十八天　因服务而成交

售后服务语言要恰当

你和朋友闲谈的时候，是不需要专业术语的，也不用顾及你的话说过之后会有什么后果，在交谈的时候怎么舒服怎么来，可以随心所欲。如果你打官腔，或者言不由衷，就会受到朋友的耻笑。当你与客户沟通的时候，你应该注意自己的措辞，更要注意自己的语音语调。售后服务中，与客户交流要注意以下几点。

1.选择词汇要慎重

与客户交流的时候，首先要有礼貌，态度谦逊，要注意用词。比如，若因客观原因发货晚了而让客户等待了，尽量避免说"不好意思，让您久等了"。因为这样说会在无形中加强客户等太久的意识。你应该这样表达："谢谢您的耐心等待！"

2.避开直接表达

这里的直接表达，是指在获取信息的时候直接询问的方式。在售后服务中，应该尽量避免。比如，你帮客户指出了解决途径，客户还是一脸茫然。你可能直接问："您还是没有听清楚吗？"这时正确的表达应该是："我还是没有表述清楚吗？"

3.要时刻记住自己代表了公司的形象

比如，你的客户向你抱怨：在售后的环节中，公司的手续过于繁琐，简直不人道。这个时候有的销售员会说："是啊，就是这样，没办法。"接着他的牢骚比客户还多。这样的回应方式，不仅损害了公司的形象，同时也会影响销售员的形象。

4.在表示拒绝的时候，要注意方式方法

比如，客户在使用你的产品之后非常不满意，要求退货。有的销售员会理直气壮地说："对不起，那是不可能的！"实际上，你真实的意图只是想明确告诉客户你不能满足他的要求而已，但是你这样的表达方式会让客户更加不满意，这会为你的工作带来了更大的麻烦。如果换一种比较委婉的方式，相信效果会更好，客户也不会对你产生更大的意见。

说话的技巧是一门很难学习的学问，掌握说话的技巧对于销售人员来说，显得更加重要。如果你能很好地运用语言技巧来为你的售后服务加分，就能获得很多的好处。

让客户主动回报你

很多销售员在成交一段时间后，也会用心服务客户，也希望能让客户为自己介绍客户，但却始终不知道该如何跟客户表达。如果你也不知道如何表达，那就先做好自己该做的，当你的服务令客户满意时，他一定会主动回报你。

小赵是某企业家培训机构的销售员，她知道自己的培训课程很不错，也给自己的客户带来了效益，但每次想让客户带朋友来时，都不知道该怎么说。于是，她告诉自己，既然不知道该如何说，就用心服务客户。

半年后，客户的企业因为采用了课程上所讲到的方法，效益翻了倍。因为小赵定期去客户企业服务，也带了很多好的方法给客户的员工。这些让客户非常高兴。

一天，客户主动给小赵打电话，说要给自己的两个好朋友报名，学习管理课程。

从上面的例子我们可以看出，如果客户使用你的产品之后很有效果，加上你贴心周到的服务，即使你没有要求或不好意思要求，客户也会主动回报你。这就是销售员应该努力做到的。

客户是最好的"推销员"

当你的产品赢得客户的信赖，你的服务让客户感觉超值时，客户会非常乐意做你产品的推销员。因为好的东西大家都喜欢跟朋友分享，尤其是在如今通讯信息如此发达的社会。我们经常可以看到有人在网络上将自己喜欢的东西或开心的经历写出来分享，也经常会在微信朋友圈中看到某个朋友推荐某种不错的小吃或者某个不错的旅游地点等。

由此可见，服务好你的客户，你就会多了很多义务"推销员"。

有位越南华裔做得一手好泰国菜，他后来到了美国西部，在一个小城里开了一家泰国餐馆。一天，一位喜欢旅游的记者在这里吃了一顿饭，发现这里的菜非常正宗，而且口感很棒，服务也很贴心。于是，他就写了一篇游记，在其中着重介绍了这家小餐馆。之后，文章发表在当地报纸和他自己的博客里。从此，这家餐厅名声大噪，很多人都是因为看到这篇报道，赶了很远的路找来的。

由此，你可以看到客户宣传的力量。

服务到位，吸引客户永久续约

一家公司的销售员，最主要的工作就是向客户出售公司的产品或服务，但是在完成出售的工作后，销售的工作并不能就此结束。销售员应该在客户使用产品或享受服务的过程中为客户提供更多更有效的建议或者是帮助，以求获得二次销售的机会。

那么，怎样才能做好售后服务？

一次，一个法国农场主驾驶着一辆奔驰车出远门去办事。

一路上他的心情很好。没想到，就在半路上，轿车突然熄火，怎么也打不着了。他向周围一看，才知道自己前不着村后不着店。他非常气恼："都说奔驰轿车怎么怎么好，难道是假的吗？"他看看地点，离德国的奔驰总部不远，于是在气愤之下他联系了总部，想碰碰运气。

电话接通之后，总部表示马上想办法为这位客户解决问题。让这位农场主没有想到的是，几个小时之后，他听到了飞机的隆隆声，原来奔驰总部的工程师们驾着飞机来为他修车。

他们到达现场之后的第一句话就是道歉。他们表示："不好意思，让您久等了！不过不用担心，我们很快就能为您修好了。"他们一边道歉，一边干脆利落地修理着发动机。

农场主心想："这几位坐着飞机来为我修理汽车，得多少钱啊！尽管他们的态度好，技术也不错，但是要算下来，费用也太高了点。"于是他做好了讨价还价的准备。在农场主打小算盘的过程中，车很快就修好了。

农场主战战兢兢地问："多少钱哪？"

让他没有想到的是，对方的回答居然是——"不收费，先生。""什么？"他不敢相信自己的耳朵。其中一位工程师还解释说："车子出现这种问题是我们的责任，为您维修是我们应该做的。"

一家公司的售后服务工作，在树立企业的品牌形象过程中起着相当重要的作用，因此绝对不能将它忽视，否则，公司将面临失去大批客户的窘境。销售工作将企业和客户紧密地联系在一起，而售后服务工作则是销售工作中不可或缺的重要环节。

第二十九天 提高销售智慧

提升自己就要不断学习

前面课程我们讲到，优秀的销售人员都要有丰富的知识。除了关于销售的知识外，还包括你所销售的产品的各种知识，如产品的性能、优缺点、使用方法等。同时，销售人员还要学习有关于本行业的相关知识，如掌握行业的大趋势、国家政策以及竞争对手的情况。

当然，一个优秀的销售员，在掌握了以上知识后，每天还应该利用业余时间来充实各方面知识。

如原一平每个周末去图书馆学习各个领域的知识一样，笔者身边的顶尖销售员也是如此。

小邓是一家培训机构的地区负责人，个子小巧的她每天总是充满了很多能量。她从一个普通业务员开始，每天勤奋学习，仅用了不到两年时间就升到了现在的位置。有朋友问她秘诀，她的答案永远都是"学习与热情"。

直到现在，她依然每天学习，而且每周都会给自己设定学习目标。因为他们公司是企业家培训机构，所以她看企业管理的书相对多一些，但为了了解员工与客户心理，她也着重看了很多心理学方面的书。后来，她虽没有参加过心理学的专业学习，却轻松考取了心理咨询师资格证。

由此可见，一个成功的销售人员，不应只是销售，而应是多方面的专家。所以，要做好销售，就从每天学习中提升自己吧。

销售要学的各种语言

推销员刚开始进行推销时，怎样开口说话？怎样针对不同的销售环境和交往对象，选择和使用最恰当的交际用语呢？只要注意到以下几种交际用语，就能轻松应对。

第一，称呼语。因为人们在销售开始时说出的第一个词往往是称呼，所以人们也常常要为怎样称呼才得体而劳神费心。

称呼对方随便一些还是正式一些？这应该根据销售场合的不同而有所不同。在日常交往中，你若对领导和下属都以"老李""小张"相称，会使人感到你们公司同事之间关系融洽。但是，若在正式推销场合，你应称领导为"王厂长""刘局长"等，因为这样有助于体现销售工作的严肃性和领导的权威性。同样，学术界素有"仲尼之门，不称官阀"之习，在议论会上给他们冠上各自的"某某大学某某教授"的头衔更显得正规庄重。

第二，避讳语。避讳语也是一种重要的交际用语。人们在交谈中对一些不便直说的内容习惯于用某些含蓄委婉的手法来表达，长此以往就形成了避讳语。使用恰当的避讳语是销售员有修养、言谈高雅文明的体现。

第三，专门语。专门语一般是指某一专门学科或某种专门活动所特有的专用术语，国外也有人称之为"技术语言"。

使用专门语时，重要的是要了解对方对相应学科或专业所具备的知识水平。如果对方在相应领域与你造诣相当，那么使用一些专门语交谈会使双方都有一种心照不宣、交流畅通之感；反之，如果对方对某些专用术语一窍不通，虽然你很会说话，但是客户始终没有理解你的意思，这样就很容易造成推销的隔阂。

第四，外语。在推销过程中，外语也很有用，但这并不意味着你在任何场合都一定要说外语。在与外宾闲谈、旅游、吃饭时，讲外语会便于沟通。

所谓技多不压身，就如好的律师不仅是法律专家，也是很多其他领域的专家一样。优秀的销售员也应让自己掌握更多其他领域的知识，语言就是其一。只有如此，销售员才能在销售过程中得心应手。

掌握一些销售秘诀

这一课，我们来学习两个销售秘诀。

第一，推销员的出发点就是客户的喜好。

在交谈之中，顾客总是喜欢同别人谈他的得意之处，推销员应从中推测出顾客的喜好，然后根据顾客的喜好进行推销工作。

一般来说，顾客是带着紧张和戒备心理来与推销员进行交谈的。推销员要是不管不顾直奔主题将很难成功，只有从顾客的喜好出发，调动顾客的积极性才是制胜之道。

第二，把问题大而化小。

问题的发生必有潜在原因，只要能找出原因，想出正确的对策，然后付诸行动，那么问题就可迎刃而解了。找出原因并消除它，问题必能获得解决，同时也应避免日后再度发生同样的问题。

大多数人只看问题的表面，因而容易感到困惑。正确的做法是，当发生问题时，要想办法将大问题化解成容易解决的小问题，因为是小问题积累或发展才成了大问题。顺利将小问题解决之后，大问题也就随之而解了。小问题和大问题之间是因果关系，将原因处理好，结果自然就是好的。

任何事情要想成功，都有"捷径"，销售也不例外。销售的"捷径"包括从顾客的喜好入手，适时制造紧张气氛，找到对手最软弱的地方给予一击，将问题化整为零等。知道了销售中的秘诀，你离成功还会远吗？

学会为顾客分析价格

只要是在市场上销售的东西，不论是怎样的价格，总是会有人说"太贵了"。对于那些总是有办法对价格提出意见的人，你就要提出充分的理由来证明产品的价格是合理的，是产品价值的正确反映。只有这样，你才能将他说服，使他相信这个产品就应该是这样的价格。

金拉克在销售厨房设备期间，主推的产品是一种不锈钢锅。由于这种锅是一种全新升级产品，因而它的价格自然高出传统锅很多。当金拉克向客户推销时，常常会遭到客户的拒绝，理由总是"这锅太贵了"。

这一天，他又被一位夫人以同样的理由拒绝。

"太太，您认为贵多少呢？"金拉克不慌不忙地问道。

"大概贵 200 美元吧。"

这时，金拉克郑重其事地拿出携带的笔记本，在上面写下"200 美元"字样。然后他又问："那么，太太，您认为这口锅可以用多少年呢？"

"几十年都不会坏吧？"

"那您是想买一口用几十年的锅了？"

"那当然！"

"那么，让我来帮您算一笔账。您觉得这口锅贵了 200

美元，咱们就以 10 年时间来算，使用这种锅每年只不过贵
20 美元，是这样吗？"

"是的，是这样。"

"如果是这样，那么每个月又是多少钱呢？"金拉克边
说边在笔记本上计算起来。

"如果是那样的话，每个月大约就是 1.7 美元。"

"是的。"

"可是，太太，您一天要做几顿饭呢？"

"一天大约两三顿吧。"

"好，咱们一天就按两顿算，那么一个月就要做 60 顿饭。
如果是这样的话，那么用这样的好锅做一次饭，比用普通锅
做饭实际上贵不到 3 美分。现在您还觉得贵吗？"

最后，在金拉克的解说下，这位太太终于满心欢喜地将
这口锅买了下来。

有时候，客户即使有一件商品很想买，但是种种原因使
他总是想要为这次购买设置各种障碍。所以，推销员一定要
发现客户的这种心理，并想出办法合理应对。

时刻为帮助顾客做准备

"帮助你的顾客买东西，而不仅仅只是向他推销产品"，
这句名言应当作为每一个推销员的座右铭。我们还应从中认

识到，要让自己站在顾客的立场上，尽我们所能，使其最迫切的需求得到满足；让真诚、友善和有益的帮助与我们的推销活动紧密结合；我们可以给他提供许多有价值的暗示。因为我们可以接触很多人，并不时地接触一些新思想，所以可以从另外很多角度给我们的顾客提供意见。

很多大公司都逐渐认识到，照顾顾客的利益，尽自己最大的努力来帮助顾客，这对双方来说都是互惠互利的事情。

很多大公司还从财政上帮助他们的顾客。汉丁堡先生，马歇尔·菲尔德公司著名的信用调查员，因帮助顾客而出名，特别是当顾客在财政上遇到困难的时候，他经常帮助他们获得抵押和贷款，而且很快地帮助他的顾客解决个人经济困难。当然，这种事情只有信用调查员才能做成，但是推销员可以把这个话题引向他们，从而减轻顾客的困难。

批发和零售推销员有很多种完成他们交易的简单办法。虽然有些时候得不到太大的利润，但仍要牢记于心，它们对交易有着重要的影响，这是不容推销员有任何怀疑的事实。

要注意做出的承诺，你不能兑现的承诺则要尽量避免。例如，当你热情地为顾客提供帮助时，对那些几乎不可能兑现或让你的公司非常棘手的需求尽量不要做出承诺。否则，这会让你、你的公司和顾客都陷入难堪的境地。要为顾客提供最真诚的帮助，但要确保这种帮助是你力所能及的。

帮助他人你才会有所受益

数以万计的推销员每天四处奔走，这让他们精疲力竭，灰头土脸，徒劳往返。许多推销员大部分时间都在推销产品，却从未站在顾客的角度观察和处理事情。

卢克·布莱恩特在一个小公司的经营管理组工作。在公司附近有一家大型保险公司的地区办事处。布莱恩特所在的这个公司被分派给保险公司的两个推销员来负责联系，他们是达西和托尼。

有一天早上，达西在布莱恩特的办公室里小坐，随口提到他的公司刚刚为经理人员开设了一种新型的人寿保险，并且认为布莱恩特日后也许会感兴趣，他表示当他在这方面了解到更多的情况时会来告诉布莱恩特。

同一天，托尼看到布莱恩特和同事正好喝完咖啡小憩回来，他便大声喊道："嗨，马克！我有一些重大的消息要告诉你。"他快步走过来，非常兴奋地把他的公司为经理人员开设的人寿保险告诉布莱恩特等人，同达西随口提到的是同一回事。托尼想让他们作为第一批参加，并就投保范围向他们提供了一些重要的信息。在结束会谈时他说："这种保险形式很有新意，我打算明天请总部派人专门来解释一下。现在，咱们就在这儿先把申请表填一下，这样我就能在工作时有所依据。"他的热心鼓动使布莱恩特等人急于参加这种保险，尽管他们并不了解具体细节。后来的情况证实了托尼对这种保险的初步理解，他不仅使布莱恩特等人都投了保，而且日后还扩大了他们的投保范围。

这笔交易原本达西也可完成，但是他并未把布莱恩特等人参加这项保险的欲望激发出来。

推销员想要成功地将产品推销出去，站在客户的角度为其着想是必须要学会的内容，以客户的立场审视问题往往更能了解其想法，满足其需求。

你的用心他会感受到

不管做什么事，只要你真正用心，对方一定会感受到，这对于销售员来说也一样。

小陈来自东北一个山村，在某培训公司做销售。她没有别人那么时髦的外表和善谈的口才，也不如别人聪明，但朴实用心是她最大的特点。

刚到培训公司时，她一直签不到单，总找不好准客户。有一个客户，每次都冷冰冰拒绝，她仍坚持去拜访。关键是，每次拜访时，她都会留心观察客户公司，将发现的问题一一记在本子上。终于在两个月后的一天，或许客户心情大好，没有拒绝前去拜访的她，而是耐心与她聊了几分钟。这几分钟内，小陈将她观察到的公司的问题简明扼要对客户讲了一下，并提出了相应的解决方法。这让客户很吃惊。那一天，客户决定去参加小陈公司的一个初级分享会，并在之后的几个月内，参加了她们公司的大部分培训。

小陈的故事告诉我们，如果你是真正用心为客户着想，并帮他们解决问题，客户是会感受到的。只要客户能感受到你的用心，并在你的帮助下真实解决了公司的部分问题，他就一定会是你的准客户。

第三十天　好口才是练出来的

好口才是销售的必胜法宝

每一个销售人员梦寐以求的东西就是一副好口才。但是什么样的口才才被称为是好口才呢？具体来说，要注意以下几点：

第一，措辞要得当。推销员在进行推销的过程中，在与客户进行交流的时候，要充分尊重客户的人格和习惯，那些可能会使客户没面子的话尽量不要讲，委婉含蓄的语言能帮助你很好地维系与客户的关系。如客户提了意见，你一时难以给予准确的评价，便可以说："您提的意见是值得考虑的，太感谢您了！"

第二，语速要适中。聪明的销售人员面对客户时，不会滔滔不绝、口若悬河地讲个没完没了，他们会根据需要放慢讲话速度，甚至停顿，有效地"牵"住客户的思维，让他们认识产品、了解产品，从而产生兴趣，作出购买决定。

第三，说话要条理清楚。条理清楚指的是说话时要注意因果关系、前后联系和善于归类。在表达不同的思想时，要注意使用过渡、转折。如果一次谈话中要表达多个观点、见解，要注意使用"另外……""还有一个问题……""更重要的是……"等句式。这样，客户可以根据你的语言获取信息，理解你所表达的要点。

第四，语言要生动。语言的魅力是无穷尽的，生动、活泼、幽默的语言能让销售人员在介绍产品的时候，形象地把产品的优点展示给客户，客户也易于理解。在销售中，对于产品的一些新名词、新术语，客户一时接受不了，如能使用生动形象的比喻，会更利于客户理解。

第五，拥有好的口才并不意味着要将客户说得哑口无言。这个原则就要求每一位推销员要掌握好与客户交流的尺度。现实生活中，总是有一些推销员喜欢用他们的好口才来将客户说得哑口无言。事实上，这样的行为往往会让客户感到讨厌。

销售员最重要的工作就是说服客户，所以良好的口才是其各种职业素养中的重要一环。

销售人员口才素质必备

推销员在进行推销的过程中，不仅要有良好的口才，还要具备一定的素质。良好的口才是建立在良好的知识基础上的。那么，推销员在推销的过程中需要具备哪些口才素质，才可能推销成功呢？下面就列举一些推销员必备的素质，以供参考。

第一，知识。推销员对于商品、顾客都应有相应的了解。当顾客向推销员询问时，如果"一问三不知"，就会影响顾客的购买信心。相反，若能掌握较广博的知识，并对商品的尺寸、分量、质量、包装等方面问题作充满趣味的介绍，就能激发顾客的购买欲。

第二，礼貌。销售人员与顾客交流时，应采取比较和蔼的态度。顾客比较喜欢别人的殷勤、服从和尊重，因此，务必使你的举止合乎礼节。只有你心怀诚意，才能自然地表现出谦和、有礼的态度和语气。有些销售人员在与顾客交谈时，常常与对方争论，那显然是在自讨苦吃。

第三，热忱。与顾客交流时，你要通过口才展现你的热忱。只有推销员有热忱，购买者才会有热忱。你具备了"热忱"这一点，来自顾客方面再大的偏见和抗拒，也能轻易地被化解。接待任何一个顾客，你都要尽可能考虑自己会给他留下什么样的印象。丧失热忱就等于丧失活力，郁郁寡欢是无法有所成就的。

第四，服务意识。对于有购买欲的顾客你要思忖：你能为他提供哪些服务？如果你有意为顾客效劳，你的这种意识愈强烈，他愈能诚挚地回报你。

第五，创见性。拿破仑说："想象力支配全世界。"丰富的想象力配合灵活的语言，使你可以生动地向顾客描述商品的价值以及能够给其带来的利益。要知道，产品设计是死的，而顾客购买标准是灵活的、可变的。通过推销员的想象力，可从不同的角度丰富顾客的购买理由。推销员可以根据颜色来进行联想，例如某商品是红色的，推销员可以将红色联想成这是爱心的象征；如果商品是黑色的，可以用高雅来比喻黑色。如何运用各种想象力，就看推销员自己的发挥了。

第六，建设性意见。当推销进入僵局时，推销员要灵活提出有建设性的意见和建议，这样不仅能拓展客户的思路，还可以使客户更加信任你。

由此可见，对于销售员来说，良好的口才不是你如何能言善辩，也不是怎样滔滔不绝。良好的口才不是浮在表面的，更不是凭空而来的。

语言的使用方法影响胜负

语言的影响力不可低估，一句话可以使对方愤怒，一句话也可能使对方感动、豁然开朗。推销员最主要的就是用这种具有不可思议的魔力的语言来做生意，即所谓"靠嘴吃饭"。

但许多人对语言的使用方式不太注意。有推销员认为反正语言是用来沟通的，只要将想表达的东西说出来不就行了吗？也有人认为推销员的话主要是用在有反对和拒绝的场合。实际上，推销中，语言本身的使用影响胜负。

从前波兰有位明星，大家都称她摩契斯卡夫人。有一次，她到美国演出，有位观众请求她用波兰语讲台词，于是她站起来，开始流畅地念出台词。

观众们只觉得她念的台词非常流畅，听起来令人非常愉快，但不了解其意义。

她接着往下念，语调渐渐转为热情，最后慷慨激昂，在悲怆万分时戛然而止。台下的观众鸦雀无声，同她一样沉浸在悲伤之中。

突然台下传来一阵男人的爆笑声。这人是摩契斯卡夫人的丈夫——波兰的摩契斯卡伯爵。因为夫人刚刚用波兰语背诵的是九九乘法表。

从这个故事中我们可以看到，说话的语气竟然有如此不可思议的魅力。即使不明白其意义，也可以使人感动，甚至可完全控制对方的情绪。那么谁都可以听得懂的本国语不更是如此吗？如果你只能说几句杂乱无章、毫无感情的话，想干推销工作恐怕还早得很！

所以，当你在销售中遇到重要的部分或须强调的部分时，就得以缓慢有力的口气说出。若语气平仄抑扬不分，留给顾客的印象就不深。

成功销售的语言技巧

"销售不出去的商品等于废品。"这是在西方广泛流传着的一句话，但是事实上，这句话是不正确的。因为已经合格的产品之所以会被积压很多年，销售不出去，更多的是因为推销这件商品的推销员有问题，他们的推销水平不够，他们缺乏能够让销售成功的语言技巧。可以说，生产的目的就是要把产品销售出去。任何成功的销售，都离不开销售语言艺术。

第一，激发情趣。客人来饭店消费，是为了饱腹和获得精神享受。服务员的销售语言，一定要能够激发客人的情趣，才能达到促销的目的。

有个餐厅服务员曾经接待过一家客人。客人指着菜谱问："宋嫂鱼羹是怎样的一道菜？"上菜的服务员答不上来，十分狼狈。餐厅主管小郭凭借自己平时业余阅读《杭州菜谱》的知识，向客人娓娓道来："这里有一个典故，宋高宗赵构曾闲游西湖。有一位卖鱼羹的妇人叫宋王嫂，高宗命她上船做鱼羹，高宗吃了后十分赞赏。后来，宋嫂鱼羹也就成了驰誉京城的名肴了。这道菜里有新鲜鳜鱼、熟火腿、笋肉、香菇、鸡蛋黄等，颜色亮黄，味似蟹羹，是杭州的传统风味名菜。"客人听得入了迷，连连叫道："我们就要尝尝这'宋嫂鱼羹'！"用餐后，他们还在餐厅订了一桌有"宋嫂鱼羹"的酒席。

从这事例看来，上菜的服务员一问三不知，就无法引起客人消费的兴趣，而主管小郭通过他平时的知识积累，采用有较浓艺术味的叙述吸引客人，激发客人的情趣，激起了对方的消费欲望，以达到销售的目的。

第二，刺激欲望。销售语言一定要突出要点，这个"要点"就是最有吸引力的语言，它是商品的"煽情点"，能刺激客人消费的欲望。

第三，扬长避短。根据客户的喜好，扬长避短，也是一种说话的艺术。

有个餐厅曾经接待过一对老夫妇。他们一坐下来就各种埋怨。服务员给他们斟上茶后，老妇人语气生硬地说："我要龙井茶。"而刚好当时餐厅没有龙井茶，服务员就向她解释道："这是我们餐厅特地为您准备的红茶，餐前喝红茶好，可以消食开胃，对老年人尤为适合，而且价格不贵。如果您想喝龙井茶，我们饭店商场有，你们吃完饭可以买一些回去。"后来老伯点菜时，老妇人又说道："现在的蔬菜都太老了，我们要这几个就行了。"这时，服务员马上顺着她的意思说："对！现在蔬菜都太老了，咬不动，我们餐厅今天有炸得很软的油焖茄子，菜单上没有，是今天的时新菜肴，您运气真好，尝一尝吧。"老妇人动心了，于是他们的消费单上多了一道原本没有的菜肴。

这位服务员因为懂得根据客户的喜好扬长避短，所以很容易让客人化挑剔为认可。

任何事都有窍门，销售也有。销售员只有掌握可以达成交易的各种方法，才能更好地完成工作。